田径运动科技文献知识图谱及影响机制研究

谢恩礼 著

东南大学出版社
SOUTHEAST UNIVERSITY PRESS
·南京·

内 容 提 要

本书是以 1998—2014 年国内外田径运动科技文献为研究对象，引入知识图谱理论与方法，对国内外田径运动研究进行全景式扫描和多样式分析。内容主要包括：运用 CitespaceⅢ 可视化软件，分别以国家/地区、机构、作者为节点，构建科研合作网络图谱；运用 Sati 3.2、CitespaceⅢ、SPSS 20.0 等软件，分别以田径运动研究的被引期刊、被引文献和被引作者为节点，构建共被引网络图谱；运用 Sati 3.2、Ucinet、NetDraw、Neviewer 等可视化软件，以关键词为节点，构建知识主题网络图谱。

本书注重理论联系实际。读者根据知识图谱理论和方法，按照其操作步骤即可完成相应的统计分析，强化理论的应用性。

本书可作为高等院校体育类各专业本科生与研究生的参考书，可为该领域后续的研究者提供基础信息与资料集成，同时也可为各级政府相关领域的决策提供参考依据。

图书在版编目(CIP)数据

田径运动科技文献知识图谱及影响机制研究/谢恩礼著. —南京：东南大学出版社，2020.5
 ISBN 978-7-5641-8731-6

Ⅰ.①田… Ⅱ.①谢… Ⅲ.①田径运动-科技情报工作-可视化软件-研究 Ⅳ.①G255.51-39

中国版本图书馆 CIP 数据核字(2019)第 287081 号

田径运动科技文献知识图谱及影响机制研究

著　　者：	谢恩礼
出版发行：	东南大学出版社
社　　址：	南京市四牌楼 2 号　邮编：210096
出 版 人：	江建中
网　　址：	http://www.seupress.com
电子邮箱：	press@seupress.com
经　　销：	全国各地新华书店
印　　刷：	虎彩印艺股份有限公司
开　　本：	787 mm×1092 mm
印　　张：	10
字　　数：	253 千字
版　　次：	2020 年 5 月第 1 版
印　　次：	2020 年 5 月第 1 次印刷
书　　号：	ISBN 978-7-5641-8731-6
定　　价：	39.00 元

本社图书若有印装质量问题，请直接与营销部联系。电话(传真)：025-83791830

前　言

　　知识图谱是以科学知识为对象，显示学科发展进程与结构关系的一种图形，具有"图"和"谱"的双重性质与特征。作为对科学知识及其关系可视化研究所得出的结果，知识图谱具有较为直观、定量、简单与客观等诸多优点，是一种有效的、综合性的知识可视化分析方法和工具，被广泛应用并取得较可靠的结论，目前成为科学计量学、科学学、管理学等领域的研究热点与实践探索趋势。知识图谱对图书情报学科具有更重要意义，目前图书情报研究"知识化"现象明显，知识图谱大有用武之地，不仅可以可视化学科知识结构，也有助于信息检索、文献分类与知识服务等。在知识图谱的研究中，对绘制方法与工具的研究一直是其重点，国外众多学者关注于知识图谱绘制方法的改进及提出新的方法，开发功能强大、使用简单、展示形象的可视化软件。本文把"知识图谱"主要限定在 Science Mapping、Bibliometric Mapping、Literature Mapping、Mapping Knowledge Domain 等内容，主要是对狭义知识图谱的分析：运用文献计量学方法，通过文献知识单元分析来可视化科学知识的结构、关系与演化过程。

　　知识图谱的研究主要源于三大领域：一是计算机科学领域的数据、信息、知识与知识域可视化研究；二是图书情报领域的引文分析可视化、知识地图和知识网络等研究；三是复杂网络系统和社会网络分析的研究。目前三者的研究方向和内容正在走向融合。由于知识图谱提出的时间不长，大多当作工具或方法来看待；相关理论大部分都是从多学科角度的简单借鉴，并没有完整的理论体系，真正的理论内核没有形成，只有少量的探索性理论研究。

　　田径运动是一项历史悠久的运动项目，在全世界拥有广泛的爱好者和参与者，它由多个单个运动项目组成，以不同形式反映人体运动中的走、跑、跳、投等基本运动能力。田径运动是各体育项目的基础，享有"运动之母"的美称。田径运动在增强体质、增进健康、培养意志品质和提高社会适应能力诸多方面发挥着越来越重要的作用，只有扩大田径运动的内涵，才能挖掘田径运动的功能与作用，也才能有效地推动田径运动的普及与开展。然而，田径运动研究的同仁们在为人类知识宝库的丰富和完善做出巨大贡献的同时，却忽略了对田径运动科学研究自身发展特征和规律的挖掘与总结。他山之石，可以攻玉。对田径运动科学研究规律与特点的认识和把握，不仅有利于人们了解田径运动研究发展的历史脉络，洞悉相关知识的增长演化规律，透视田径运动研究热点前沿的形成与演进轨迹和未来发展趋势，而且可在一定程度上丰富和充实我国田径运动理论体系，为我国田径运动研究领域的知识生产和创新提供新思路，并可为相关科研管理部门制定科研规划提供参考借鉴。本书是长期从事田径教学、训练和科研工作的一个总结和归纳，以1998—2014年国内外田径运动科技文献为研究对象，引入知识图谱理论与方法，对国内外田径运动研究进行全景式扫描和多样式分析。

非常感谢母校北京体育大学，使本人能够有幸参与到知识图谱研究的具体实践中。由衷感谢恩师詹建国教授给予的无私指导与殷切关爱。感谢北京体育大学中国田径学院各位老师给予我在学业上的帮助。感谢南京体育学院运动训练学院领导、体能教研室各位老师和东南大学出版社对本书出版给予的支持。鉴于水平有限，书中一定有不妥之处，敬请批评指正！

谢恩礼

于南京紫金山

2020年2月

目 录

1 绪论 ·· 1
　1.1 研究背景 ·· 1
　　1.1.1 社会背景 ·· 1
　　1.1.2 学科背景 ·· 1
　1.2 问题的提出 ·· 3
　1.3 研究目的及意义 ·· 3
　1.4 研究的技术路线图 ·· 4

2 文献综述 ·· 6
　2.1 田径运动的定义及分类 ·· 6
　2.2 田径运动的特点及功能 ·· 7
　2.3 田径运动研究内容 ·· 8
　　2.3.1 田径运动训练的相关研究 ·· 8
　　2.3.2 田径运动教学的相关研究 ·· 9
　　2.3.3 田径运动选材理论与方法的相关研究 ······································ 9
　　2.3.4 田径运动规则与裁判法的相关研究 ·· 9
　　2.3.5 田径运动文献计量学的相关研究 ·· 10
　2.4 国内外体育科学研究的知识图谱研究 ·· 10
　　2.4.1 国外体育科学研究的知识图谱研究 ·· 10
　　2.4.2 国内体育科学研究的知识图谱研究 ·· 11

3 研究对象与方法 ·· 15
　3.1 研究对象 ·· 15
　3.2 研究方法 ·· 15
　　3.2.1 知识图谱的分析方法 ·· 15
　　3.2.2 文献资料法 ·· 15
　　3.2.3 专家咨询法 ·· 15
　　3.2.4 逻辑分析法 ·· 16
　　3.2.5 数理统计法 ·· 16

4 结果与分析 ·· 17
　4.1 知识图谱的理论与方法 ·· 17
　　4.1.1 知识图谱的概念 ·· 17
　　4.1.2 知识图谱的理论基础 ·· 18
　　4.1.3 知识图谱的分析方法 ·· 19

  4.1.4 田径运动科技文献数据来源及相关软件说明 ················ 19
 4.2 田径运动科技文献的知识主体图谱分析 ······················ 23
  4.2.1 国外田径运动科技文献的知识主体图谱分析 ············ 23
  4.2.2 国内田径运动科技文献的知识主体图谱分析 ············ 41
  4.2.3 小结 ·· 53
 4.3 田径运动科技文献的知识客体图谱分析 ······················ 54
  4.3.1 国外田径运动科技文献的知识客体图谱分析 ············ 54
  4.3.2 国内田径运动科技文献的知识客体图谱分析 ············ 82
  4.3.3 小结 ··· 107
 4.4 田径运动科技文献的知识主题图谱分析 ····················· 108
  4.4.1 国外田径运动科技文献的知识主题图谱分析 ··········· 108
  4.4.2 国内田径运动科技文献的知识主题图谱分析 ··········· 123
  4.4.3 小结 ··· 136
 4.5 田径运动科技文献的主题演化图谱分析 ····················· 137
  4.5.1 国外田径运动科技文献的主题演化特征及趋势预测 ··· 137
  4.5.2 国内田径运动科技文献的主题演化特征及趋势预测 ··· 141
 4.6 田径运动科技文献知识图谱差异的影响因素分析 ·········· 144
  4.6.1 国内外田径运动科技文献知识图谱的差异 ·············· 144
  4.6.2 影响因素分析 ··· 145

5 结论与建议 ·· 151
 5.1 结论 ··· 151
 5.2 建议 ··· 151

6 研究的创新点与不足之处 ··· 152
 6.1 研究的创新点 ·· 152
  6.1.1 研究对象的创新 ··· 152
  6.1.2 研究方法的创新 ··· 152
 6.2 研究的不足之处 ··· 152
  6.2.1 数据样本的问题 ··· 152
  6.2.2 自身知识结构的问题 ····································· 152

参考文献 ··· 153

1 绪 论

1.1 研究背景

1.1.1 社会背景

田径运动是一项历史悠久的运动项目,在全世界拥有广泛的爱好者和参与者,它由多个运动项目组成,以不同形式反映人体运动中的走、跑、跳、投等基本运动能力。可以说,田径运动是各体育项目的基础,因此,它享有"运动之母"的美称;同时,田径运动也是奥运会金牌最多的项目,共产生 47 块金牌,素有"得田径者得天下"之说。世界各国都非常重视发展田径运动,运动员的竞技水平和比赛成绩不断提高,涌现出了博尔特、伊辛巴耶娃等世界名将。从 2012 年伦敦奥运会田径比赛金牌分布来看,美国 9 枚,俄罗斯 8 枚,牙买加、英国各 4 枚,埃塞俄比亚 3 枚,金牌主要集中在这些国家,美国田径不再一枝独秀,霸主地位岌岌可危。我国田径选手在伦敦奥运会上获得 1 枚金牌、5 枚铜牌的成绩,位居田径项目奖牌榜第 13 名,与美国、俄罗斯等世界田径强国相比差距还是很明显。美国短跑项目一直在世界称雄,然而,随着以博尔特为代表的牙买加短跑异军突起,牙买加已经取代美国成为世界短跑第一强国。近几年,我国涌现出了陈定、苏炳添、张培萌、李玲等优秀选手,他们在世界大赛的一些项目上取得了重大突破。例如,2015 年在北京举行的田径世界锦标赛上,我国男子短跑取得 4×100 m 项目第 2 名的好成绩;同时,中国短跑名将苏炳添在半决赛跑出 9.99 s 的好成绩并晋级决赛,成为首位在世界锦标赛闯入百米飞人大战的黄种人。随着社会的发展和科技的进步,田径运动不再是竞技体育的独角戏,已经逐步在大众健身、学校体育和体育产业等方面全面铺开,它的地位也在逐步提升,呈现出较好的发展态势。

1.1.2 学科背景

田径事业的发展与壮大离不开其相应理论研究体系的支撑。田径运动科技文献水平的高低是体现田径运动科学整体发展状况的主要内容之一。加强田径运动科学研究,利用现代科研成果,已成为当今世界各国发展田径运动的趋势。

(1)国外田径运动科学研究进程

据了解,美国作为世界体育强国之一,他们在 20 世纪 20 年代就已经开始田径运动的科研活动。从国外田径运动科学研究的历史进程来看,主要分为以下 4 个阶段:

① 形成阶段(1912—1930 年):这一时期的研究主要是普及田径运动,使广大群众参与到田径运动之中。

② 技术发展阶段(1930—1940 年):这一时期的田径研究主要集中在如何改进技术上。

③ 训练理论与方法发展阶段(1940—1980 年):这一阶段教练员、科研工作者通过不断总结他们的成功经验,不断完善运动训练理论,为田径运动的发展贡献自己的力量。

④ 系统发展阶段(1980 年至今):这一阶段田径运动研究的范围不断扩大,研究对象主要包括人的运动和运动的人两个方面。

(2) 国外田径运动研究的主要贡献

① 国际田径协会的成立:1912 年,根据世界田径运动的需要,成立了国际业余田径联合会,它在确定比赛项目、拟定规则、组织国际比赛、审批世界纪录以及促进国际交流等方面起到很大作用;同时,作为世界最大的国际单项组织之一,利用其影响力,在推动世界田径运动发展及普及田径文化方面做出了巨大贡献。

② 体育科学学术期刊的创办:从 Web of Science 数据库(包括 SCI、SSCI)来看,研究主要涉及运动医学、运动生理学、运动生物化学、运动生物力学、运动训练学、体育教学、体育哲学、运动心理学等学科,其中运动医学的研究最多。

③ 世界性学术会议的召开:"国际体育运动科学、教育、医学大会"(简称 ICSSPE)4 年一届,在奥运会举办国举行。ICSSPE 的前身是奥运科学大会,1956 年首次在墨尔本举办。2004 年,希腊萨塞罗基尼奥运科学大会后,经国际奥委会投票决定,将奥运科学大会改名为"国际体育科学、教育、医学大学"。2008 年 8 月我国广东省广州市首次承办改名后的首届"国际体育科学、教育、医学大学"。通过 ICSSPE 的召开,有助于加强世界各国科研工作者之间的学术交流,有助于了解当今世界体育科学研究的现状与发展趋势。

(3) 我国田径运动研究主要贡献

我国田径运动研究主要是从 20 世纪 50 年代开始,主要贡献包括以下 7 个方面:

① 中国田径协会的成立:中国田径协会成立于 1954 年,它在指导和推动中国田径运动的发展、提高运动技术水平、为实施全民健身计划和奥运争光计划、为促进社会主义物质文明和精神文明建设服务、增进与世界各国田径协会的友谊、加强国际田联和亚洲田联的密切联系与合作等方面起了巨大作用。

② 国家哲学社会科学和国家自然科学等项目的资助:田径运动科学研究的发展离不开科研经费的保障,这其中主要有国家哲学社会科学基金和自然科学基金的资助;除此之外,国家体育总局、各省市体育局也对一些田径科研项目给予了经费资助。

③ 各大体育院校、师范院校体育院系设置田径课程:田径课程被列为各大体育院校、师范院校体育院系体育教育专业的主干课程之一,它包含的项目众多,所占课时也较多。

④ 培养田径运动方向的博士、硕士研究生:21 世纪以来,我国体育事业和体育研究生培养事业得到快速发展,体育研究生的队伍成千上万,导师队伍也在不断壮大。

⑤ 各种体育期刊的创办:1980 年,中国田径协会创办了《田径》杂志,为广大田径运动科研工作者、教练员提供了学术交流的平台。据统计,我国目前共有 53 种学术类体育期刊,这些期刊每年也会刊发大量有关田径运动方面的学术论文。

⑥ 组织各种形式的学术研讨会:其中有 4 年一届被誉为我国体育科学研究"奥运会"的全国体育科学大会;除此之外,还有体育科学学会运动训练分会每年也会举行田径学术研讨会。

⑦ 田径专著和学术期刊:田径运动方向专著的内容主要包括教学、训练、竞赛、裁判法、

规则、知识、教材、选材等方面,这些专著对普及田径运动是必不可少的。学术期刊是学术论文的载体,其数量和质量是评价一个国家科技成果的主要表现。科研报告、学术论文大多数是通过学术期刊进行学术交流、传播。我国体育类核心期刊共计16个,通过对体育类核心期刊有关田径科学研究的载文统计发现,我国田径运动研究在训练理论和技术分析方面较多,而在体育教学理论、选材、裁判法、场地器材等方面的研究相对较少。

2014年10月,国务院正式印发了《关于加快发展体育产业促进体育消费的若干意见》,明确提出将全民健身上升为国家战略,把全民健身作为体育产业发展和扩大消费的基础。2014年年底的中央经济工作会议把体育健身作为新的经济增长点,列为六大消费增长点之一。可以看出,这一系列中央决策和部署为群众体育的发展指明了方向。随着社会的发展与进步,田径运动研究已由"如何提高竞技能力"逐步向"如何提高群众体质健康"发展,田径运动科学研究前景越来越广阔。

1.2 问题的提出

田径运动研究发展较快,已产生了丰富的知识成果,随着田径运动研究的不断深入,其研究的主题也是不断变化、拓展和分化,与不同学科交织在一起。那么,我们如何在这海量的田径科技文献中梳理出国内外田径运动科技文献的研究力量(国家、机构和作者)与知识基础(期刊、文献、作者)?国内外田径运动科技文献的知识主题又是怎样的?国内外田径运动科技文献主题演化特征以及其影响因素又是怎样的?

我国一些学者已对国内外田径运动研究成果做出了回顾和评价,但缺乏对田径运动研究进展的整体图景的研究;此外,这些综述主要出于作者的主观认识,以分析和归纳的定性方法为主,在揭示田径运动研究成果知识发展的内在规律等方面存在严重不足,传统研究方法对研究田径运动研究成果时已显得苍白无力。基于上述研究背景,本文以"田径运动科技文献的知识图谱及影响机制研究"作为研究的选题,文献分析与内容分析相结合、实证分析与规范分析相结合、定量分析与定性分析相结合,揭示国内外田径运动研究发展的内在规律,规范田径运动研究范式,为我国田径运动的发展提供借鉴和参考。

1.3 研究目的及意义

本研究的目的及意义主要体现在以下三个方面:

(1) 通过运用知识图谱的理论与方法,分析国内外田径运动科技文献的知识主题和主题演化,并运用冰山理论解释国内外田径运动科技文献知识图谱差异的影响因素,这在一定程度上也是研究方法的创新。

(2) 通过对国内外田径运动科技文献进行知识图谱分析,发现田径运动研究的现状及不足,对指导我国田径运动研究的发展提供政策导向作用,从而进一步提高我国田径运动科研工作者的论文质量,提高其在国际田径学术研究领域的影响力。

(3) 通过运用知识图谱的理论与方法,对国内外田径运动科技文献的现状进行梳理统计,从而为我国田径运动的发展提供借鉴,这在一定程度上丰富了田径运动相关理论,也拓展了研究的视野。

1.4 研究的技术路线图

知识是一个包含语义信息的特征集以及与之相关的约束和规则形成的流动组合。科技文献作为科学知识的载体,其创作和更新的过程可以反映科研工作者进行科研创作的过程。在前人研究的基础上,为了研究的方便,本研究分别从知识主体图谱、知识客体图谱、

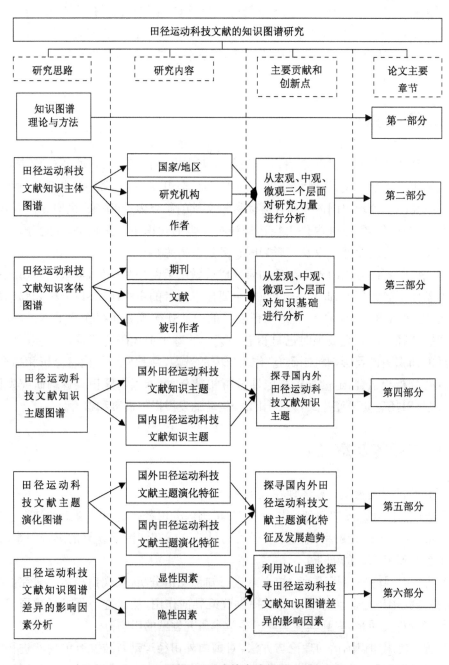

图 1.1 研究技术路线图

知识主题图谱和主题演化图谱4个方面来表征国内外田径运动科技文献的知识图谱体系，分析其研究力量、知识基础、主题以及知识之间的联系，进而总结田径运动科技文献的一般模式。研究思路具体见图1.1，下面分别对知识主体图谱、知识客体图谱、知识主题图谱和主题演化图谱的内涵进行详述。

田径运动科技文献知识主体图谱是指以参与田径运动科技文献的国家/地区、机构、作者为节点，以共同开展研究形成的链接关系而形成的知识网络结构，其实质就是科研合作网络，按照科学计量学的观点具体分为国家/地区共现网络、机构共现网络、作者共现网络三个方面。

田径运动科技文献的知识客体图谱是指以参与田径运动研究的被引期刊、被引文献和被引作者为节点，以其共被引关系为纽带形成的网络结构。按照科学计量学的观点，其实质是期刊共被引网络、文献共被引网络和作者共被引网络。

知识是由概念来表述的，概念又是由词语来体现，知识主题实际上是由学科、领域或专业的关键词或者主题词形成的共词网络，它可以反映该学科、领域或专业的知识结构及其演化特征。田径运动科技文献知识主题图谱是通过国内外田径运动研究的关键词形成共词网络，构建国内外田径运动研究的知识结构。而主题演化图谱同样是以关键词为节点，共现关系为边，对不同时间段构建共词网络图，揭示其研究领域科研主题的演化。

综上所述，国内外田径运动科技文献不同知识图谱具有不同的内涵、构成要素和层次结构，它们之间相互联系与作用，共同构成田径运动科技文献的知识图谱体系。

2 文献综述

田径运动是一项历史悠久和普及的体育项目,田径运动的科技文献相对丰富。文献综述按照田径运动的定义和分类、田径运动的项目特点及功能、田径运动研究内容、国内外体育科学知识图谱研究等具体问题展开。

2.1 田径运动的定义及分类

对田径运动的定义和分类的研究由来已久,科技文献成果丰富。从表 2.1 可以看出对田径运动的定义和分类研究是一个不断发展进步的过程。

表 2.1 部分专家学者对田径运动定义和分类的认知

专家	定义	分类
孙庆杰等	田径运动是由人们进行竞技和锻炼身体的走、跑、跳跃、投掷	田赛项目和径赛项目
文超等	田径运动是体育运动的重要项目之一,它包括竞走、赛跑、跳跃、投掷和全能运动	田赛、径赛和全能运动
王鲁克	田径运动是指由田赛和径赛、公路赛、竞走和越野赛组成的运动项目,包括了人们的走、跑、跳、投等基本活动方式	竞走、跑赛、跳跃赛、投掷赛和全能赛
宗华敬等	依据国际田联《田径手册》第二章国际田联章程第 1 条规定:"径赛和田赛、公路跑、竞走和越野跑组成的运动项目",称为田径运动	田赛、径赛和全能运动
刘建国等	田径运动是指人类从走、跑、跳、投这些自然运动而发展起来的身体练习和竞技项目	竞走、跑、跳跃、投掷和全能
熊西北等	田径运动是由田赛和径赛、公路赛、竞走和越野赛组成	竞走、跑、跳跃、投掷和全能
申齐	田径运动是指人类从走、跑、跳、投等一些自然运动而发展起来的身体练习和竞技项目	竞走、跑、跳跃、投掷和全能
文超等	田径运动的定义表述如下:"田径:包括径赛和田赛、公路跑、竞走、越野跑和山地赛跑"	现代田径运动的分类,可在径赛、田赛、公路跑、竞走、越野跑和山地赛跑这 6 大类之下,再按田径比赛项目进行细化分类
张贵敏等	根据国际业余田径联合会原章程将田径运动定义为"田赛和径赛运动、公路赛、竞走和越野赛"	走、跑、跳、投和全能

我国最早对田径运动定义和分类的学者有文超、孙庆杰、王鲁克、宗华敬、刘建国、熊西北、张贵敏、申齐等。近些年来,随着田径运动的快速发展,田径运动的定义和分类也在不

断丰富和完善。

随着田径运动的普及和全民健身运动的深入发展,应准确、全面、深刻地理解田径运动的定义,而不能单纯从竞技体育一方面来认知田径运动,不能把田径运动的竞技属性作为田径运动的全部内涵和最终目的。

2.2 田径运动的特点及功能

田径运动在增强体质、增进健康、培养意志品质和提高社会适应能力诸多方面发挥着越来越重要的作用,只有扩大田径运动的内涵,才能挖掘田径运动的功能与作用,也才能有效地推动田径运动的普及与开展。我国对田径运动的特点、功能与作用进行论述的学者有文超、孙庆杰、王鲁克、宗华敬、刘建国、熊西北、张贵敏、申齐等,具体观点见表2.2。

表2.2 部分专家学者对田径运动特点及功能的认知

专家	特点	功能
文超等	① 走、跑、跳、投是人类生活的基本技能,是田径运动项目中最基本的运动形式 ② 田径运动具有个体性,又具有广泛的群众性 ③ 参加田径运动很少受条件限制	田径运动是基础,田径运动是体育运动之母,得田径者得天下
孙庆杰等	① 竞技属性 ② 锻炼身体手段属性	① 锻炼身体、增强体质的重要手段 ② 具有竞技体育的职能 ③ 其他项目的基础 ④ 是进行心理品质和思想品德教育的一种有力手段
王可保等	田径运动的项目较多,它的场地、设备和器材比较简单,练习时一般不受性别、年龄、人数、时间、季节、气候等限制,因而越来越被广大群众所喜爱,因此开展比较普及	它能全面有效地提高身体素质,能培养人们坚强的意志品质和勇敢顽强的拼搏精神
王鲁克	① 走、跑、跳、投是人类生活的基本技能,是田径运动中最基本的形体活动 ② 田径运动是以个人为主的运动项目,项目多,形式多样 ③ 竞技性和群众性	① 是锻炼身体、增强体质的重要手段 ② 是进行心理品质和思想品德教育的一种有力手段 ③ 是各项竞技体育项目的基础 ④ 具有竞技职能
宗华敬等	① 运动竞争激烈 ② 群众参与广泛	① 教育功能 ② 竞技功能 ③ 健身功能
刘建国等	—	健身、竞技、运动基础、教育、回归自然、娱乐
熊西北等	既可组织综合性的田径运动会,也可以举行一个单项的比赛。人们可以从事田径运动中的任何一个运动项目,达到锻炼身体、增强体质、提高健康水平的目的	① 田径运动是其他项目的基础 ② 田径运动的社会效应

(续表)

专家	特点	功能
申齐等	—	① 健身功能和竞技功能 ② 基础功能和教育功能 ③ 娱乐功能和回归自然功能
张贵敏等	群众参与的广泛性,比赛竞争的激烈性,技术要求的严格性,素质培养的全面性	① 教育价值和健身价值 ② 竞技价值和娱乐价值

2.3 田径运动研究内容

田径运动研究是整个体育工作的重要组成部分,它离不开各国政治、经济和体育实践发展的大背景。田径运动是各项目的基础地位早已确立。田径运动研究在整个体育科学研究中的地位也是其他体育项目无法替代的。田径运动研究对象是人的运动和运动中的人。田径运动研究对促进田径运动科学化进程、改善田径运动技术、探索田径运动实践中新问题的本质和发展规律、促进田径人才的发展、增进人体健康等方面起到了重要作用。国内外田径科学研究工作者在田径科学研究过程中积累了大量的成果,主要体现在田径运动教学研究、田径运动训练研究、田径选材理论与方法研究、田径运动规则与裁判法研究、田径运动文献计量研究等方面,下面分别对其进行述评。

2.3.1 田径运动训练的相关研究

田径运动是一项挑战身体极限的运动。人的走、跑、跳、投都离不开速度、力量、耐力、柔韧、协调和灵敏等素质,因此,任何田径项目的运动员都必须具备优秀的身体素质,这样才能达到较高的运动水平。田径运动训练一直是国内田径运动研究的重点,其科技文献也较为丰富,主要包括以下5个方面:

① 身体素质训练研究:身体素质研究主要包括身体素质训练理论与方法、身体素质与运动成绩、身体素质水平发展的方法与手段、身体素质训练水平的诊断与评价、身体素质训练的周期及负荷安排等。

② 技术训练研究:主要体现在专项技术训练与身体素质水平、专项技术训练、技术运动学分析、技术训练的特征等。

③ 战术训练研究:主要体现在战术训练的特征与战术运用。

④ 心理训练研究:心理训练主要体现在心理训练方法与干预两个方面。

⑤ 恢复训练研究:恢复训练研究相对较少。

训练是一个复杂的综合工程,只有通过科学、系统的训练,才能取得优秀的运动成绩,其中运动训练理论和方法是运动训练的基础,优秀教练员、科研工作者、高校教师通过不断总结他们的成功经验,不断完善运动训练理论,为田径运动的发展贡献自己的力量。

2.3.2 田径运动教学的相关研究

田径运动教学是现代田径运动实践的重要组成部分,它是按照学校体育发展的要求和田径运动实践的要求,遵循教育学、生理学、心理学等原理逐步建立和发展起来,形成一系列的田径运动教学理论和方法。田径运动教学研究内容主要包括以下6个方面:

① 田径运动教学的特点、规律、功能和价值:黄金铭等认为,现代田径运动教学不能按照原来教师主导者的身份出发,应把教学作为学生已学会的经验、心理结构等为基础,来创设田径教学环境,引导学生探究、发现,促进学生在教师的指导下主动地、针对性地掌握田径运动知识,发展学生的田径运动知识、技能,进而发展学生的创新能力和意识。

② 田径运动教学目标、任务的确立,田径运动课程、纲要与学习评价研究:陈效范等(1995年)运用层次分析法和模糊教学的研究方法,定性和定量描述相结合,对田径运动教学质量体系进行评价,建立了组织教学→教学效果→学生反馈→运动负荷安排→课前准备的评价体系。

③ 田径运动教学原理研究:孙有平等(2015年)认为,现代学生不喜欢田径课,主要根源是感性冲动与形式冲动之间的矛盾,在教学过程中采用范式教学变革的方式,采用体育游戏的方式,激发学生上田径课的冲动。

④ 田径运动教学的控制过程:王俊平(2012年)通过分析跳高教学过程基本要素,阐述了其教学过程中的重点和难点、环节与细节、组合与单一,科学合理处理教学过程中的教与学的关系,并对教学过程进行控制,实现了田径课堂教学和实践的有机结合。

⑤ 田径运动教学的方式、手段、方法与模式:徐新红(2001年)通过文献资料的方法,论述了少儿田径运动教学的特点:训练过程的阶段性、内容的多样性、教学方法的双重性。在教学过程中,按照基础教学训练、初级教学阶段进行。

⑥ 田径运动教学的条件、时间、空间等:时金钟认为,教学条件、学校经费投入、教师敬业精神等是影响我国高校田径运动教学质量的重要因素。

2.3.3 田径运动选材理论与方法的相关研究

科学选材历来是田径运动运动员取得优异成绩的保证。田径科技工作者积累了大量的田径运动选材理论与方法。纵观国内田径运动选材研究,国内比较注重身体形态选材的探讨。李小兵(2013年)通过对参加伦敦奥运会的田径运动员的身高、体重、克托莱指数以及参赛年龄进行统计分析研究发现,不同地区、不同性别、不同项目,在身体形态和参赛年龄均存在显著性差异。可以通过对青少年身体形态、体成分、身体素质进行测试,找出青少年田径运动员体质发展的内在规律,为日后田径运动训练和选材提供理论参考。在田径选材过程中还应综合考虑运动员的遗传因素、心理因素,为选拔优秀的田径苗子并科学训练提供参考。

2.3.4 田径运动规则与裁判法的相关研究

田径运动竞赛规则是顺利完成田径比赛的统一规范与准则。田径运动规则在国际田径联合会的帮助下不断总结、充实与完善,竞赛中新的矛盾和利益冲突也不断涌现。这方面研究为更好地利用当前规则的新趋势,有利于教练员等在比赛中利用规则,指导运动员赛出成绩起到一定的作用。

石磊(2013年)通过对国际田联最新田径规则短跑起跑的合理性进行分析研究发现,新规则"零抢跑"规则的实施,运动员的反应时明显慢于旧规则,有效减少了运动员抢跑犯规的次数,有利于维护比赛的公平与公正。

2.3.5 田径运动文献计量学的相关研究

文献计量学是图书情报学的知识与数学、统计学的知识相结合的交叉学科。文献计量学在体育学科的应用始于1989年,姚毓武等以1987年期刊刊发的体育论文为研究对象,运用引文分析,从引文量、语种、引文类型结构等方面进行计量学分析。随后,体育学科有关于文献计量学的论文相继出现在各大期刊,如许红峰(1996年)以1989—1994年期间国内体育院校6个核心刊物为研究对象进行引文分析。随着研究的不断深入,文献计量学从一开始的语种、基金、引文类型、引文时间等方面分析之外,还进行了引文来源、引文数量、自引、他引、半衰期等方面多角度分析。可见文献计量学在体育学科的应用已经越来越成熟。文献计量学也不断渗透到体育其他学科,如运动心理学、游泳、排球、女性体育等。田径运动文献计量学研究起始于2004年,许治平(2004年)运用文献计量学的方法对我国体育核心期刊有关田径运动的载文进行了统计分析;随后刘娜娜、李旭立等作者也通过文献计量学方法对我国田径学术论文的载文进行统计分析,并对我国田径运动研究的热点、重点等方面进行了论述。通过文献计量学的方法对体育学科科研论文的现状进行分析,可以帮助科研人员了解当前科研工作者的科研水平及存在的不足,对田径运动训练和教学起到促进作用。然而,文献计量学引文分析无法梳理其学科或领域知识发展进程和结构关系。2005年,陈超美开发出了Citespace软件,利用知识图谱来揭示科学知识发展进程与结构关系,从而开启知识图谱在各学科的应用。知识图谱在体育学科的应用仍处于起步阶段,目前尚未发现我国学者利用知识图谱的理论与方法对国内外田径运动科学研究的现状进行梳理研究。本研究通过对国内外田径运动科技文献的知识图谱分析,有助于揭示国内外田径运动研究发展的内在规律,规范田径运动研究范式,为我国田径运动研究的发展提供借鉴和参考。

2.4 国内外体育科学研究的知识图谱研究

知识图谱是一种揭示科学知识发展进程与结构关系的图形和方法,其核心仍然是科学计量学,它在描述学科、领域和专业进展方面卓有成效,这些学科包括管理学、图书情报学、信息科学、医学、教育学、工程学、生物学、体育科学等。知识图谱在体育科学方面的应用仍处于起步阶段。下面对知识图谱在国外和国内体育科学的应用进行述评。

2.4.1 国外体育科学研究的知识图谱研究

知识图谱在国外体育科学方面的应用较为匮乏,从国外学术论文、期刊进行检索共查到6篇文献。最早是在2006年,Catherine Quatman利用Web of Science数据库,运用社网络分析方法分析体育管理学科研作者合作网络,从历时的角度构建体育管理学合作网络知识图谱,文中探索不同的网络分析技术,提供一个清晰和综合的体育管理学作者合作网络趋势;其次识别作者合作网络的结构和特征;最后描述体育管理学的知识流动。Marion Hambrick(2012年)利用社会网络分析方法对体育传播学研究进行文献回顾,研究认为,体育传播学研究不断发展,研究人员开始运用不同的方法对体育传播学这个研究领域进行研究,为了更充分地理解体育传播学,作者运用社会网络分析方法对体育传播学的知识结构及关系、知识流动以及历时性知识增长和演化进行了研究。Amy Chan Hyung Kim(2012年)运用文献计量学和社会网络分析方法对1997—2010年《体育管理学期刊》文献数据的关键词和引文数据进行分析,首先运用关键词分析和引文分析对体育管理学的个体属性进行分析;随后,对体育管理学关键词共词网络和共引网络进行关系属性分析。研究表明,在分析和结构水平上,体育管理学的趋势和主题都正在发生转变。Jonas Lindahl(2012年)运用文献计量学对体育运动心理学动机研究的知识结构进行文献回顾,揭示其知识结构是如何演化的,运用知识图谱理论与方法,对体育运动心理学动机研究的未来主题和次要主题进行探索。Nixon H对美国体育社会学课程传播和教师进行了社会网络分析。

可以看出,从国外体育科学的知识图谱研究来看,研究领域主要集中在体育管理学、体育传播学、体育产业、体育运动心理学以及体育社会学等方面,研究方法主要采用共词分析、共引分析等方法,对这些学科、领域知识结构演化和知识流动的研究是国外体育科学知识图谱研究的热点。

2.4.2 国内体育科学研究的知识图谱研究

本部分的数据全部来源于中国知网资源总库,笔者以主题词"知识图谱"并包含中图分类号"G8"进行检索,共检索到论文84篇;同时检索到学位论文10篇,其中博士论文2篇,硕士论文8篇,检索截止时间为2015年12月9日。下面以期刊论文为研究对象,对国内体育科学的知识图谱研究进行评述,具体包括年代特征、研究主体及其研究主题等方面。

1) 年代特征

科技文献的增长规律,通常采用累积发文量来体现,累积发文量如果呈现增长趋势,则表明其显示一定的规律。本研究运用SPSS20.0软件对国内体育科学知识图谱研究的累积发文量进行曲线拟合图分析。如图2.1所示,国内体育科学知识图谱研究的逐年累积发文量在总体上较好地服从指数增长规律($Y=(-1\,290.563)e^{0.643X}$,$R^2=0.965$),曲线拟合精度达到了$R^2=0.965$。$R^2$又称判定系数,是用来验证曲线拟合图的常用系数,若$R^2\geqslant 0.870$,则表明其曲线拟合的效果较为理想,越接近1,表明其拟合效果就越好。

2) 研究主体

利用Sati3.2软件对国内体育科学知识图谱研究的第一作者的频次进行统计分析(具体见表2.3)。如表2.3所示,频次达到两篇以上的有14位作者,体育科学领域参与知识图谱方面研究的学者是越来越多;从参与研究的作者来看,吉林体育学院王琪博士的发文量最大,达到15篇,占17.9%,其他作者的发文量很少。学者王琪是我国体育科学领域第一位运用知识图谱的学者,毕业于福建师范大学,师从黄汉升教授,他的研究主要集中在体育科技史及相关领域。

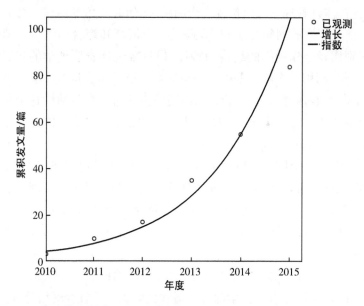

图 2.1　国内体育科学研究知识图谱研究逐年累积发文量增长曲线拟合图

表 2.3　国内体育科学研究知识图谱研究高产作者汇总表

排序	频次	作者	排序	频次	作者
1	15	王 琪	8	2	张天宏
2	3	赵丙军	9	2	王 璟
3	3	蔡治东	10	2	杨红英
4	3	尹 龙	11	2	王金利
5	2	韩勤英	12	2	聂应军
6	2	司虎克	13	2	潘德政
7	2	李 元	14	2	于明月

本文利用 Sati3.2 软件进行作者频次分析,发现该研究的高产作者($N \geqslant 2$)。同时,本文利用 Sati3.2 生成共现矩阵并对发表论文两篇以上的作者运用 NetDraw 软件进行可视化分析,研究发现,在发表论文两篇及以上研究者的论文成果均通过合著完成,根据合著状况,高产作者可以划分为两个不同的学术圈(见图 2.2),一个是以王琪为代表的福建师范大学学术圈;另一个是以赵丙军为代表的上海体育学院学术圈。

3) 研究主题

首先利用 Sati 软件提取国内体育科学知识图谱研究的高频关键词($N \geqslant 2$),并构建其共现矩阵(48×48),然后利用 Ucinet 软件构建关键词共现网络,具体如图 2.3 所示。

(1) 从研究方法上看,注重计量、分析方法与可视化研究。

体育科学领域采用的知识图谱的方法主要包括共现分析、共词分析、共被引分析、文献共被引、社会网络分析等方法。王琪(2011 年)利用 Web of Science 数据库,运用共现分析方法、聚类分析、社会网络分析方法以及 Citespace 软件对国际奥林匹克研究的高频关键词

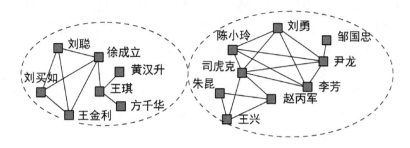

图 2.2　国内体育科学研究知识图谱研究高产作者合作网络图

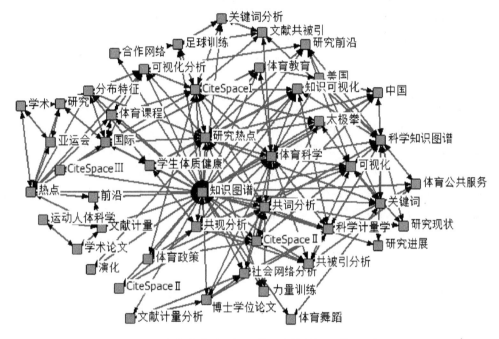

图 2.3　国内体育科学知识图谱研究的关键词共现网络图

进行共词分析,通过对知识图谱的分析与归纳,总结出国际奥林匹克研究的主要特征。王占坤(2015年)以 2002—2013 年中国知网数据库有关公共体育服务的 316 篇核心期刊论文为研究对象,采用文献计量学和科学知识图谱等方法,对公共体育服务研究现状进行了分析,并指出当前研究存在的不足。

(2) 从研究对象来看,应用领域以学科为主,并逐步向专业、主题扩展。

研究对象具体包括体育科学、体育教育、运动人体科学、体育政策、体育课程、学生体质健康、体育公共服务、力量训练、足球训练、太极拳以及体育舞蹈等。知识图谱在体育科学的研究起始于体育科技史的研究,王琪在他的博士论文《西方现代体育科学发展史论——基于知识图谱视角的实证研究》中,运用知识图谱的方法,全面地、客观地回顾了西方现代体育科学的发展脉络,对西方现代体育科学相关理论的成果进行总结,该研究对认清西方体育科学及发展特征具有重大的学术价值与现实意义。知识图谱体育科学逐渐转向更小的领域或专业。例如,赵丙军博士(2013年)在他的博士论文《国外力量训练研究知识网络的结构及演化特征》中,利用 Web of Science 数据库收录的 7 891 篇有关力量训练的学术论文,运用知识图谱的理论和方法,对1899—2011年期间国外力量训练的历史脉络、知识网络的结构及演化特征进行了分析;李贵庆(2015年)以健美操项目为研究对象,通过对国内外高校健美操相关研究文献,运用Citespace软件,分别对国内外研究思路、研究热点及其研究前沿进行对比分析,结果显示,高校健美操研究理论来源广泛,正朝着多元化方向发展。王俊杰(2012年)以Web of Science所收录的国外太极拳运动研究的414篇研究论文为研究对象,运用共词分析方法,借助Citespace软件对国外太极拳运动研究的热点进行了识别并对未来发展趋势进行了预测。

(3)从研究主题上看,以研究进展、热点、研究前沿与作者合作关系为主。

国内体育科学知识图谱研究的主题主要是通过"研究进展"整体上把握研究的整体现状及核心内容;通过"热点演化"来准确把握学科、领域的主题演化及热点动态;通过"研究前沿"能够全面分析未来发展趋势;通过"作者合作关系"分析学科、领域的代表人物,了解学术共同体及领域研究力量分布和合作关系。常见的方法是"作者共现网络图谱"和"作者共引图谱"。

知识图谱作为一种宏观、中观、微观层面可视化揭示学科、领域发展概况的科学方法,可帮助科研人员多角度直观审视研究进展、代表人物、研究热点以及前沿等,其理论及应用研究逐渐走向成熟。常见的知识图谱构建方法有共现图谱、共引图谱和共词图谱,所用的工具有HistCite、Citespace、SPSS、Ucinet、Pajek、NetDraw等。研究领域不断扩大,从目前看,国内体育科学知识图谱研究存在深度不够、研究方法采用不系统、研究采用的数据库数据来源不够完善以及研究缺乏严格的标准等问题;在今后的研究中,我国体育科学研究工作者务必采用多种研究工具(比如VOSviewer、Neviewer、SPSS等)采用多种分析方法,进一步拓展国内体育科学不同领域研究,尤其是构建方法,为后续构建国内外田径运动研究知识图谱奠定基础。

3 研究对象与方法

3.1 研究对象

本研究是以1998—2014年国内外田径运动科技文献的知识图谱为研究对象。国外田径运动科技文献以美国科学情报研究所(ISI)的Web of Science数据库所收录的1998—2014年国外田径运动科技论文为数据来源。选择该数据库的理由主要有三点:一是该数据库是世界公认的最权威的数据库;二是以往国内外类似研究的数据资料多来自该数据库;三是本研究所使用的工具的适用格式基本上均以该数据库著录规范为蓝本。国内部分以1998—2014年CSSCI来源期刊的田径运动科技论文为数据来源。CSSCI是由南京大学中国社会科学研究评价中心组织评定的。选择此数据库的主要原因:一是该数据库在国内的权威性;二是该数据库可以进行引文分析。

3.2 研究方法

3.2.1 知识图谱的分析方法

本研究运用引文分析、共现分析、共词分析、共被引分析和社会网络分析等知识图谱的分析方法,对田径运动科技文献的国家/地区、机构、作者、期刊、文献、关键词等方面进行了实证分析,探讨了田径运动科技文献的研究力量、知识基础、研究主题与主题演化,从而系统揭示田径运动研究成果的内在规律。知识图谱的分析方法在本研究的第4章第1节将会做详细的介绍。

3.2.2 文献资料法

通过对中国科技大学图书馆、北京体育大学图书馆的馆藏资料以及中国知网、万方数据库、Web of Science数据库、Google学术、Springer数据库、科学网等网站的检索,收集相关研究资料并进行系统的梳理和分析,为本研究的展开奠定理论基础。

3.2.3 专家咨询法

国内外田径运动研究文献资料收集的全面性和精确性将会影响到本研究的客观性,因此文献检索的确定是本研究非常重要的环节。通过咨询国内田径运动、体育情报学研究领域的部分专家,制定了本研究的检索策略。

3.2.4 逻辑分析法

运用文献计量学、科学计量学、社会网络理论、科学合作理论等相关理论,利用归纳和逻辑演绎等方法,对国外田径运动科技文献的总体状况,田径运动科技文献的研究力量、知识基础及其主题演化进行理论解读,揭示田径运动科技文献相关知识的演化规律。

3.2.5 数理统计法

运用 Sati3.2、SPSS20.0 等软件对国内外田径运动科技文献的计量特征进行数理统计,并从动态、时间和空间多个角度揭示国外田径运动科技文献的历史累积性和历时进化性演变特征。

4 结果与分析

4.1 知识图谱的理论与方法

科学计量学与科学知识图谱这两个研究领域有着密不可分的联系,绘制知识图谱总是以科学计量学分析为前提,科学计量学研究的结果越来越以知识图谱的形式来展现;从学科意义上,知识图谱是科学计量学的表现形式,属于科学计量学的学科范畴。

4.1.1 知识图谱的概念

知识图谱是一个丰富而且具有内涵的概念,它广泛地应用于社会各个领域。由于是引入的概念,国内学者对知识图谱定义有不同的认知和理解。如表4.1所示,他们对知识图谱的概念具有较为广泛的认识,只是认识的侧重点不一样。有的侧重其学科特征(应用数学、图形学等);有的侧重研究方法(共词分析、引文分析等)。具体来说,知识图谱是把应用数学、图形学、信息可视化技术等学科知识与科学计量学引文分析、共现分析等方法结合,用可视化的图谱形象地展示其学科或领域的发展历史、热点前沿及知识主题架构的多学科融合的一种研究方法。

表 4.1 部分专家学者对知识图谱概念的理解

作者	主要观点
刘则渊	科学知识图谱是以科学知识为对象,显示科学知识的发展进程与结构关系的一种图形。它可视化地描述人类随时间拥有的知识资源及其载体,绘制、挖掘、分析和显示科学技术知识以及它们之间的相互联系,在组织内创造知识共享的环境以促进科学技术研究的合作和深入
陈悦	科学知识图谱是显示科学知识的发展进程与结构关系的一种图形,当它在以数学方程式表达科学发展规律的基础上,进而以曲线形式将科学发展规律绘制成二维图形时,便成为最初的知识图谱
赵蓉英、邱均平	知识图谱是以科学知识为对象,显示学科发展进程与结构关系的一种图形,具有"图"和"谱"的双重性质与特征
王琪	科学知识图谱是以科学知识为对象,显示科学知识的发展进程与结构关系的一种图形,它以科学学为研究范式,以引文分析方法和信息可视化技术为基础,涉及数学、信息科学、认知科学和计算机科学诸学科交叉的领域,是科学计量学和信息计量学的新发展
赵丙军	知识图谱的基本思想是在对不同粒度分析单位(科技论文、科研人员、关键词等)之间相似性测度的基础上,应用不同的方法和技术绘制各种类型的知识图谱。利用它不仅可以探究学科的基本架构和学科间的关系模式,揭示研究领域热点前沿及其演化规律,描述学术共同体的结构特征,预测相关研究的未来发展态势,而且可以面向实际,应用于决策支持、技术预见、科研基金资助监测等方面

4.1.2 知识图谱的理论基础

在科学知识图谱中,"看"包括"搜索"和"解读"两个步骤。如何搜索和解读才能更有效率和效用呢?基于前面所述概念,实际上知识图谱最直接的两个理论基础,一是基于引文分析的学科基础;二是信息可视化的技术基础。在知识图谱软件的开发、应用并不断改进的过程中,它将一些基本观点和现象进行了概念化和可视化,并借鉴和吸收普莱斯的科学前沿理论、社会网络分析的结构洞理论以及科学传播的信息觅食原理。

1) 库恩的科学发展模式理论

库恩把科学发展看成科学革命的历史过程。科学在未形成统一范式之前处于前科学时期。范式形成之后,进入常规科学时期。人们在科学共同体中按范式解题,是范式积累期;发展到一定阶段,出现反常和危机,人们寻求新的范式取代旧范式,导致科学革命的发生;之后,迈进新范式下的新的常规科学期。因此,科学发展本质上是常规科学与科学革命、积累范式与变革范式的交替运动过程。这个模式得到科学界的普遍认同。库恩范式理论描述和揭示的科学发展与科学革命的历史进程,同以引文分析为基础的科学知识图谱所展示的知识领域形成与演变历程在宏观结构上有着惊人的类似,显示出科学哲学的哲学思维方式与知识图谱的视觉思维方式有着内在的统一性。

2) 普莱斯的科学前沿理论

普莱斯受贝尔纳关于"科学发展总的模式与其说像树,更像网"思想的启发,在加菲尔德发明的科学引文索引基础上,预言"论文因为引证关系而形成网络,人们可以借助于图论和矩阵的方法来加以研究。论文一定会聚集成团,而形成几乎绘制成地图的陆地和国家"。紧接着在著名的《科学论文的网络》一文中,普莱斯把它变成了现实,由此形成其"参考文献的模式标志科学研究前沿的本质"的前沿理论。这个前沿理论是贝尔纳的创意、加菲尔德的发明和普莱斯的破解三者的结晶。

3) 博特的结构洞理论

格兰诺维特的社会网络分析理论中有一个非常重要的观点,即信息在强关系的群体中高速传播,每个人知道的,其他人也多半会知道,新观点和新信息一定来自与其不同群体中的个体的弱关系。博特在此基础上提出结构洞理论,并指出:处于结构洞未知的个体通过信息过滤获得更多竞争优势与创新能力。例如 Citespace 基于此理论开发出知识网络中关键节点及关键位置的发现技术,即发现知识转折点。

一篇有所创见的论文引用参考文献,是通过参考文献来实现知识单元的吸收、组合和升华;多视角共引分析知识图谱,是对共引文献中各个知识单元的游离与重组,在重组中形成新的知识网络、创造新的知识单元。各个知识单元的学科差异性越大,知识单元重组的创造性越大。

4) 信息觅食理论

信息觅食理论主要用来解释和模拟人们在网络环境中的信息搜寻行为,通过模型的建立,模拟用户的信息搜寻过程,并对获取信息的效率进行计算,以最小搜索成本获取最大利益。科学知识图谱将该理论融入科学发现中,揭示科学网络中的结构与时间属性,从发现知识转折点及连接的角度,开发了一套探寻知识传播(或知识演变)路径的独特方法和技术。

4.1.3 知识图谱的分析方法

知识图谱分析的方法主要有共词分析、引文分析、共引分析、多元统计分析、社会网络分析等。根据研究内容的需要，本文将采用下列研究方法：

1) 共词分析

共词分析的原理是对一组关键词进行两两统计它们在同一篇文献中出现的次数，以此为基础对这些关键词构造共现矩阵、相似矩阵、相异矩阵，并且进行聚类分析，从而反映出这些关键词之间的内在联系，进而分析这些关键词所代表的学科领域的结构变化、热点前沿以及主题结构的变化。共词分析方法经过 30 多年的发展，已经广泛应用到各个学科、领域和专业。

2) 共引分析

共引分析是美国研究学者 Small 在 1973 年基于文献耦合分析缺陷时提出来的一个新的科学计量学分析方法，也被称为共被引分析。其原理是当两篇文献共同出现在同一篇论文中，即可以说这两篇论文存在着共引关系。当两篇论文同时被引用的次数越多，就说明这两者之间存在着越紧密的联系。共引分析主要包括文献共被引分析和作者共被引文分析。经过 40 多年的发展，共引分析已成为一种实证分析科学共同体的主流方法，很多学者通过采用因子分析、聚类分析或者多维尺度分析等方法将两者的距离绘制在直观的知识图谱上，通过解读知识图谱，宏观把握某一个文献与另一文献之间的关系。因此，共引分析具有前瞻性、客观性、直观性和科学性等特点。

3) 多元统计分析

多元统计分析就是通过"降维技术"对若干相关的随机变量进行观测的分析，主要包括因子分析、聚类分析与多维尺度分析。因子分析基本目的就是用少数几个因子去描述许多指标或因素之间的联系，把若干个存在密切联系的几个变量归为一类，每一类就成为一个因子，以较少的几个因子反映原始资料的大部分信息。因子分析方法主要使用的是主成分的分析方法。聚类分析是研究属性归类的一种方法。一般使用 Ward 的聚类方法，将密切联系的关键词、作者等内容归为一类，形成一个二维坐标图，使每一个向心量与聚类中心的距离最小，从整体上把握一个学科的具体研究内容。

4) 社会网络分析

社会网络分析是以社会行动者以及它们之间关系的集合为分析对象的一种分析方法。通过社会网络，可以进行整体网、个体网、中心性、派系、"核心-半核心-边缘结构"、偏好网络、网络演化等。将此方法运用于知识图谱，可以客观、科学地展示知识与知识、知识与学科、学科与学科之间的关系，对深入挖掘演化逻辑提供了有力的证据。

4.1.4 田径运动科技文献数据来源及相关软件说明

1) 田径运动科技文献数据来源

本研究主要包括国外田径运动研究和国内田径运动研究两个方面。国外部分采用 Web of Science 数据库。选择 Web of Science 数据库原因主要以下几个几点：一是该数据库的文献收集范围广。Web of Science是美国汤姆森科技信息集团基于Web开发的产品，是大型综合性、多学科、核心期刊引文索引数据库。二是能进行引文分析。引文索引是一种不仅收录来源文献，同时也将来源文献的参考文献一并处理加工并形成检索途径的检索工具。在Web of Science检索结果的界面上，有两个有关引文的显示：一是Cited References(参考文献)，点击这一链接，可得到来源文献的著者撰写论文时所列的所有参考文献的著录；二是Times Cited(被引用次数)，首先告知这篇来源文献被引用的总数，点击这一连接，可得到这篇文章被别人引用的相关文献的著录。国内部分采用中文社会科学引文索引数据库(CSSCI)。采用CSSCI数据库的原因主要有以下几点：一是数据库的权威性。CSSCI被认为是中国SSCI，已被北京大学、清华大学、中国人民大学等众多单位包库使用，并作为地区、机构、学术、学科、项目及成果评价与评审的重要依据。二是能进行引文分析。对于社会科学研究者，CSSCI从来源文献和被引文献两个方面向研究人员提供相关研究领域的前沿信息和各学科学术研究发展的脉搏，通过不同学科、领域的相关逻辑组配检索，挖掘学科新的生长点，展示实现知识创新的途径。

2) 田径运动科技文献检索策略

(1) 国外运动科技文献检索策略

基于前文中对田径运动概念的理解和认知，对于国外田径运动科技文献的数据，本研究采用主题检索形式，具体以主题=("sprinters" or "endurance runners" or "marathon" or "hurdles" or "steepchase" or "high jump" or "triple jump" or "athletics" or "race" or "decathlon" or "cross-country race" or "pole vault" or "shot put" or "throwing the discus" or "throwing the hammers" or "race walking" or "throwing the javeline" or "endurance running" or "track and field" or "combined events" or "heptathlon"进行检索。检索文献类型包括Article、Proceeding paper和Review。时间跨度为1998—2014年，检索时间为2015年4月28日。共检索到相关文献9 374篇，经过辨识、去重，最后共获得有用文献9 172篇。

根据研究的需要，将时间分为三个阶段：1998—2003年，2004—2009年，2010—2014年。三个阶段的田径运动研究的文献量分别为1 861、3 167和4 144篇，田径运动科技文献逐年增加。科技文献的增长规律，通常采用累积发文量来体现，累积文献的发文量如果呈现增长趋势，则表明其显示一定的规律。本研究运用SPSS20.0软件对1998—2014年国外田径运动研究的累积发文量进行曲线拟合图分析，如图4.1所示。国外田径运动研究的逐年累积发文量在总体上较好地服从指数增长规律($Y=6.803e^{0.798X}$，$R^2=0.976$)，曲线拟合精度达到了$R^2=0.976$。R^2又称判定系数，是用来验证曲线拟合图的常用系数，若$R^2 \geqslant 0.870$，则表明其曲线拟合的效果较为理想，越接近1，表明其拟合效果就越好。

(2) 国内田径运动科技文献检索策略

国内部分采用中图分类号的方法，通过查阅中图分类号，我们发现田径运动的中国分类号为G82。中图分类号是指采用《中国图书馆分类法》对科技文献进行主题分析，并依照文献内容的学科属性和特征，分门别类地组织文献所获得的分类代号。检索文献类型包括论文、综述、评论和报告。时间跨度为1998—2014年，检索时间为2015年5月7日。共检索到相关文献1 211篇，经过辨识、去重，最后共获得有用文献为1 192篇。

根据研究的需要，将时间分为三个阶段：1998—2003年，2004—2009年，2010—2014

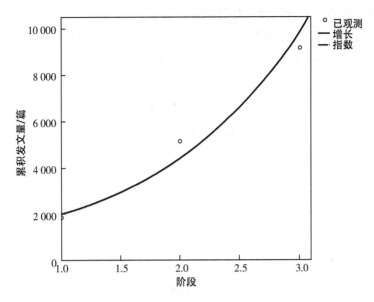

图 4.1　国外田径运动研究累积文献量曲线拟合图

年。三个阶段的田径运动研究的文献量分别为 544、452 和 196 篇,国内田径运动研究文献量是逐年减少。国内研究同样运用 SPSS20.0 软件对 1998—2014 年国内田径运动研究的累积发文量进行曲线拟合图分析,如图 4.2 所示。国内田径运动研究的逐年累积发文量在总体上较好地服从指数增长规律($Y=5.978\mathrm{e}^{0.392X}$,$R^2=0.911$),曲线拟合精度达到了 $R^2=0.911$。

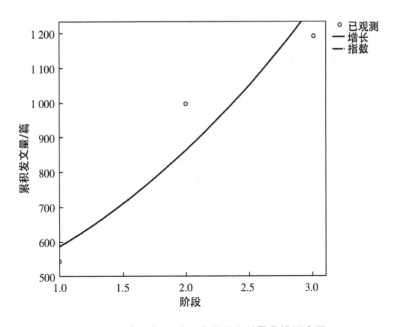

图 4.2　国内田径运动研究累积文献量曲线拟合图

3) 田径运动科技文献知识图谱相关软件说明

根据研究内容和方法的需要,本文采用的知识图谱分析软件主要包括 Sati3.2、CitespaceⅢ、Bibcomb、Ucinet、NetDraw、SPSS、Neviewer 等。下面对这些软件的用途进行描述,具体见表 4.2。

表 4.2 相关软件说明

软件	用途描述	具体应用
Sati3.2	Sati3.2 是一款用于科学文献计量的软件。Sati 可以自由选择语言方式,同时可以直接处理从 Web of Science、CNKI、万方等数据库下载的文献数据,但是对于文献数据的格式有要求。对于 CNKI 数据库的期刊,Sati 只能识别 Endnote 格式	① 统计科研机构、作者、文献以及关键词的频次; ② 构建科研机构、作者、文献以及关键词的共现矩阵
CitespaceⅢ	CitespaceⅢ 是美国德雷克塞尔大学的陈超美博士于 2004 年开发的一款可视化的分析软件。该软件的基本功能如下:揭示某一学科的热点研究,把握该学科的整体结构;探索某一学科的前沿研究,了解该学科的逻辑演进;通过引文分析,共引分析,明确某一学科的学科渗透、学科借鉴状况;通过结合 Google 地图,绘制人才地图,了解某一学科不同地区的科研能力与科研水平;通过膨胀词探测,挖掘某一学科的发展关键节点。该软件不仅能够直接处理 Web of science 数据库的数据,还能直接处理 PubMed 数据库的数据	① 构建国家、科研机构、作者、期刊、文献、被引作者的知识图谱; ② 统计国家、科研机构、作者、期刊、文献、被引作者的中心性和突显词
Bibcomb	书目共现分析软件系统是由中国卫生政策支持项目(HPSP)资助,采用目前技术成熟、流行的数据库语言开发,主要功能包括:对文献数据库中存在多个条目的字段统计并生成共现矩阵	① 统计国家、期刊、被引作者的频次; ② 构建国家、期刊、被引作者的共现矩阵
Ucinet	Ucinet 是一款功能强大的社会网络分析软件。最初由美国加州大学尔湾校区的社会网络分析者 Linton Freeman 编写,后来主要由波士顿大学的 Steve Borgatti 和威斯敏斯特大学的 Martin Everett 负责更新、维护、升级。Ucinet 可以用于因子分析、聚类分析、多维尺度分析、中心性研究、凝聚子群研究、关联性研究、结构洞与中间人、2-模网研究、QAP 回归分析等	① 分析作者、期刊、文献、被引作者的点度中心性、中间中心性和接近中心性; ② 对作者、期刊、文献、被引作者进行块模型分析
SPSS	SPSS 即社会科学统计软件包,是世界上最著名的统计分析软件之一,广泛运用于社会学、心理学、管理学等各个领域。本研究主要运用 SPSS 软件进行因子分析、聚类分析、多维尺度分析	① 对累计发文量的曲线拟合分析; ② 利用生成的共现矩阵,进行因子分析、聚类分析和多维尺度分析
NetDraw	NetDraw 是一款可视化的分析软件,通常与 Ucinet 联合使用。NetDraw 将 Ucinet 生成的网络图以图形的形式展示出来。通过解读图形,可以了解到某一学科的中间关键词、演化状况、内部结构的联系等。通过对 NetDraw 界面的不同调节,达到可视图的最优状态	① 构建国内外田径运动研究知识图谱; ② 研究高产作者合作网络图等

(续表)

软件	用途描述	具体应用
Neviewer	Neviewer 是用于复杂网络演化可视化分析的软件。矩形颜色块表示共词网络社区(即研究主题),矩阵之间曲线色块表示演化的过程,色块的高度表示社区在该阶段的中心性,位置较高的社区中心性也越高。通过色块的融合、分化来体现前一个时间段研究主题同后一时间段研究主题之间的演化关系	构建田径运动科技文献主题演化的沉积图

4.2 田径运动科技文献的知识主体图谱分析

田径运动科技文献知识主体图谱是指以参与田径运动研究的国家/地区、机构、作者为节点,以共同开展研究形成的链接关系而形成的知识网络结构,其实质就是科研合作网络,具体分为国家/地区共现网络、机构共现网络、作者共现网络三种。本部分内容是按照时间的顺序,划分为1998—2003年、2004—2009年、2010—2014年三个时间段,揭示国内外田径运动研究在三个阶段的知识主体图谱。

4.2.1 国外田径运动科技文献的知识主体图谱分析

1) 国外田径运动科技文献国家/地区知识图谱分析

(1) 1998—2003年国外田径运动科技文献国家/地区知识图谱分析

① 1998—2003年国外田径运动科技文献国家/地区共现网络分析

国家/地区合作研究是实现国家/地区之间资源优势互补、促进知识交流和资源共享的重要方式,不但能够提高国家的科技文献产出能力,而且可以提高国家在世界上的影响力。数据处理是进行田径运动研究的关键,本部分采用的是 CitespaceⅢ 软件,它是美国德雷塞尔(Drexel)知名教授陈超美开发的一款基于 Java 运行环境下的一种可视化软件。此软件可进行引文分析、共词分析、共被引分析等。CitespaceⅢ 软件生成的图谱效果较好,容易解读。在 CitespaceⅢ 运行前,将时间切片选择1998—2003年,将网络节点选择"国家(country)",阈值设置为(4,3,20)、(4,3,20)、(4,3,20),表示国家满足出现次数大于4、共现次数大于3、词间相似系数大于0.20这三个条件,绘制了1998—2003年国家共现网络图(见图4.3),共得到26个节点,2条连线,网络密度为0.0062。图4.3中的每一个节点代表一个国家,节点的大小取决于相应时段内的出现次数。图4.3中共发现两处连线,一是新西兰和南非;二是苏格兰和意大利。节点美国最大,在共现网络图居于核心地位;其次是法国和英国,虽然他们发表论文数量很多,但是与其他国家不存在合作。

② 1998—2003年国外田径运动科技文献高产国家/地区频次分析

如表4.3所示,美国在田径运动研究领域最活跃,其产出居于优势地位,它的发文量达到680篇,约占高产国家发文量的36.5%;排在第二位的是法国,其发文量为188篇,约占高产国家发文量的10.1%;排名第三位的是英国,其发文量是180篇,占高产国家发文量的9.6%。研究表明,一个国家的科技成果若占世界科技成果的25%以上,则被认为是该时期

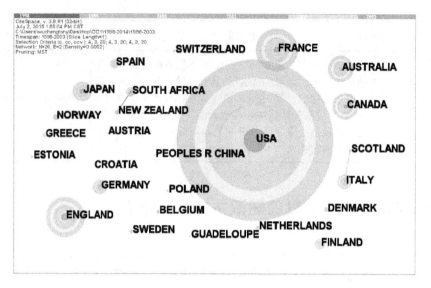

图 4.3　1998—2003 年国外田径运动科技文献国家/地区共现网络图谱

该领域的世界科学中心。

表 4.3　1998—2003 年国外田径运动科技文献国家/地区发文量

发文量	国家	发文量	国家
680	美国	47	西班牙
188	法国	44	南非
180	英国	32	挪威
118	澳大利亚	30	新西兰
116	加拿大	25	丹麦
86	日本	25	荷兰
71	德国	24	希腊
66	意大利	23	瑞典
52	芬兰	20	比利时

根据表 4.3 统计我们可以发现,美国在田径运动研究上一家独大,他们在发文量上超过了总发文量的 25% 以上,这说明美国是田径运动研究的科学中心,这与美国田径运动竞技水平在世界领先不无关系。英国、澳大利亚与加拿大在田径运动领域的研究也较为出色。Web of Science 数据库收录的是英语期刊,这些以英语为母语的国家具有得天独厚的语言优势。

③ 1998—2003 年国外田径运动科技文献高产国家中心性和突显词分析

"中心性"是社会网络分析的研究重点之一,是衡量个人或者组织在网络结构中重要与否的一项重要指标。在社会网络学者看来,具有高程度中心性的成员或组织就意味着在网络中居于中心地位,也就是最有权力的人,也将决定其在网络中具有较大的影响力,能够快速地获取信息。中心性有三种计量方法:点度中心性、中间中心性和接近中心性。

点度中心性是一个较为简单的指数。行动者的点度中心性可以分为两大类:绝对中心度和相对中心度。

中间中心性是指,如果一个行动者处于许多其他两点之间的路径上,可以认为该行动者居于重要地位。中间中心性反映的是行动者在合作网络的搭建中所起的作用,其中间性越大,也就表示有更多的行动者之间的联系被其所控制着。

接近中心性是一种针对不受他人控制的测度。如果一个点与网络中所有其他点的距离都很短,则认为该点具有较高的接近中心性。

中心性是知识图谱中其连接作用大小的度量,其圆环越宽,中心性也就越大。根据CitespaceⅢ软件统计发现,该阶段高产国家的中心性均为零,可以看出,虽然高产国家在发文的数量上较高,但其影响较小。突显词表示文章增长最快的国家。根据CitespaceⅢ软件统计高产国家的突显词发现,日本(1998,2.38)、瑞典(1998,2.35)、瓜德罗普岛(2003,2.49)三个国家的突显词最高,他们分别在1998年、2003年出现发文量的大幅度增加。

(2) 2004—2009年国外田径运动科技文献国家/地区知识图谱分析

① 2004—2009年国外田径运动科技文献国家/地区共现网络分析

在CitespaceⅢ运行前,将时间切片选择2004—2009年,将网络节点选择"国家(country)",阈值设置为(4,3,20)、(4,3,20)、(4,3,20),表示国家满足出现次数大于4、共现次数大于3、词间相似系数大于0.20这三个条件。绘制了2004—2009年国家共现网络图(见图4.4),共得到38个节点,9条连线,网络密度为0.012 8。图4.4中的每一个节点代表一个国家,节点的大小取决于相应时段内的出现次数。图4.4中共发现9处连线,可以看出这一阶段国家之间的合作比第一阶段多;节点美国最大,在共现网络图居于核心地位,其次是英国和澳大利亚国,其他国家如加拿大和德国在田径运动研究上也在逐渐增多。美国在发表论文数量上很多,依然与其他国家没有进行合作。

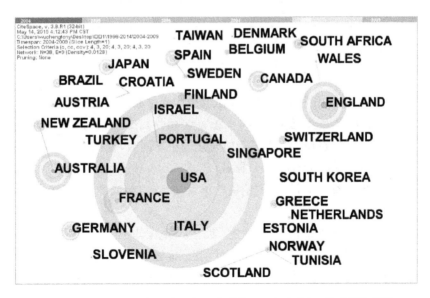

图4.4 2004—2009年国外田径运动科技文献国家/地区共现网络图谱

② 2004—2009年国外田径运动科技文献高产国家/地区频次分析

CitespaceⅢ可以通过"年轮"的大小和颜色将国家的发文量直观地展示出来,每个节点的大小显示国家发文量的多少,节点越大说明这个国家的发文量就越多,通过由冷到暖的色调显示时间由远到近。如图4.4所示,美国在所有国家中节点最大,占据主导地位。表4.4列举的是发文量排名前18名的国家/地区。我们将这一时期的高产国家分为4个梯队:第一梯队是美国,发文量1 115篇,比第一个阶段增长了近一半,占整个发文量的35.2%,可以看出,在全球田径运动研究不断增加的情况下,美国依然是世界田径运动科学研究中心;第二梯队是英国、澳大利亚、法国、加拿大与德国,发文量为1 006篇,占国外田径运动研究的31.8%,是田径运动研究的一股重要力量;第三梯队是西班牙、日本、意大利、新西兰、南非和芬兰,发文量为486篇,占总发文量的15.3%;第四梯队是瑞士、希腊、巴西等国家,发文量为338篇,占总发文量的10.7%。从排名前18的国家来看,他们基本都是经济发达、田径运动水平相对较高的国家;同时,排名前三的美国、英国、澳大利亚,他们的母语都是英文,他们发文量排名靠前与母语是英文也有较大的关系,母语是英文的国家具有得天独厚的语言优势。

表4.4 2004—2009年国外田径运动科技文献国家/地区发文量

发文量	国家	发文量	国家
1 115	美国	86	新西兰
299	英国	80	南非
252	澳大利亚	71	芬兰
188	法国	66	瑞士
142	加拿大	65	希腊
125	德国	64	巴西
111	西班牙	52	挪威
110	日本	46	瑞典
99	意大利	45	比利时

③ 2004—2009年国外田径运动科技文献高产国家中心性和突显词分析

根据CitespaceⅢ软件统计发现,2004—2009年国外高产国家的中心性均为零,可以看出,虽然高产国家发文的数量较高,但其影响仍然较小。同时,根据CitespaceⅢ软件统计发现,南非(2004,2.03)、巴西(2004,2.35)、挪威(2005,3.56)、克罗地亚(2005,4)和斯洛文尼亚(2005,2.89)5个国家的突显词最高,说明这些国家在2004年或2005年他们的发文量增长较快。

(3) 2010—2014年国外田径运动科技文献国家/地区知识图谱分析

① 2010—2014年国外田径运动科技文献国家/地区共现网络分析

在CitespaceⅢ运行前,将时间切片选择2010—2014,将网络节点选择"国家(country)",阈值设置为(5,3,20)、(5,3,20)、(5,3,20),表示国家满足出现次数大于5、共现次数大于3、词间相似系数大于0.20这三个条件,绘制了2010—2014年国家共现网络图(见图4.5),共得到40个节点,6条连线,网络密度为0.007 7。图4.5中的每一个节点代表一个国家,节点的大小取决于相应时段内的出现次数。图4.5中共发现6处连线,可以看出这一阶段国家之间的合作比第二阶段少；节点美国最大，在共现网络图居于核心地位，其次是英国和澳大利亚，其他国家如西班牙和德国在田径运动研究上也在逐渐增多，他们在田径运动研究上起着巨大的推动作用。美国发表论文数量很多，依然没有与其他国家进行合作。

图 4.5　2010—2014 年国外田径运动科技文献国家/地区共现网络图谱

② 2010—2014 年国外田径运动科技文献高产国家/地区频次分析

如图 4.5 所示，美国的节点依然最大，说明这一阶段美国在田径运动研究领域依然处于领先地位。表 4.5 列举的是排名前 18 的国家，将这一时期的国家分为 4 个梯队：第一梯队是美国，发文量已达 1 265 篇，比第二阶段又增长了 150 篇，占总发文量的 30.5%；第二梯队是英国、澳大利亚、西班牙、巴西与法国，发文量为 1 296 篇，占总发文量的 31.2%；第三梯队是德国、瑞士、加拿大、意大利与新西兰、日本，发文量为 858 篇，占总发文量的 20.7%；第四梯队是挪威、瑞典等国家，发文量为 497 篇，占总发文量的 12.7%。

表 4.5　2010—2014 年国外田径运动科技文献高产国家/地区发文量

发文量	国家	发文量	国家
1 265	美国	149	意大利
375	英国	107	新西兰
305	澳大利亚	107	日本
224	西班牙	104	挪威
199	巴西	98	瑞典
193	法国	82	葡萄牙
176	德国	80	希腊
165	瑞士	68	荷兰
154	加拿大	65	南非

③ 2010—2014 年国外田径运动科技文献高产国家中心性和突显词分析

根据CitespaceⅢ软件统计发现,2010—2014年国外高产国家的中心性均为零,可以看出,虽然高产国家发文的数量较高,但其影响仍然较小。同时,根据CitespaceⅢ软件统计发现,南非(2011,2.60)、克罗地亚(2010,3.27)两个国家的突显词最高,说明他们在2010年或2011年的发文量增长较快。

2) 国外田径运动科技文献科研机构知识图谱分析

上面对国外田径运动研究领域国家/地区知识图谱进行了分析,以此为基础,接下来对知识主体中观构成要素之"科研机构"进行探讨。科研机构是一个国家培养专业研究人才的摇篮。本文通过CitespaceⅢ信息可视化软件对国外田径运动科技文献科研机构进行分析,把握国外田径运动科技文献的动态特征和整体布局,对田径运动研究的发展具有积极意义。

(1) 1998—2003年国外田径运动科技文献科研机构知识图谱分析

① 1998—2003年国外田径运动科技文献科研机构共现网络分析

在CitespaceⅢ运行前,将时间切片选择1998—2003,将网络节点选择"机构(institution)",阈值设置为(4,3,20)、(4,3,20)、(4,3,20),表示机构满足出现次数大于4、共现次数大于3、词间相似系数大于0.20这三个条件。绘制了1998—2003年机构共现网络图(见图4.6),共得到48个节点,8条连线,网络密度为0.007 1。图4.6中的每一个节点代表一个机构,节点的大小取决于相应时段内的出现次数。从图4.6中可以看出,于韦斯屈莱大学、曼彻斯特城市大学、开普敦大学等机构节点在机构共现网络图中居于核心地位,他们在田径运动研究上起着巨大的推动作用;从机构合作来看,共有8条连线,机构之间合作较少。

图4.6 1998—2003年国外田径运动科技文献科研机构共现网络图谱

② 1998—2003年国外田径运动科技文献高产机构频次分析

探索田径运动科技文献知识主体图谱另一个维度就是其科研机构。首先对科研机构共现网络进行分析,然后进一步对高产科研机构发文量进行分析。本节选取排名前18的科研机构为重点研究对象(具体见表4.6)。

表4.6 1998—2003年国外田径运动科技文献高产科研机构发文量

发文量	科研机构	发文量	科研机构
29	于韦斯屈莱大学(芬兰)	18	利物浦约翰莫尔斯大学(英国)
28	曼彻斯特城市大学(英国)	18	阿帕拉契州立大学(美国)
27	开普敦大学(南非)	17	印第安纳大学(美国)
25	澳大利亚运动研究所	17	俄亥俄州立大学(美国)
25	里尔大学(法国)	17	北卡罗来纳大学(美国)
23	昆士兰大学(澳大利亚)	15	筑波大学(日本)
22	佛罗里达大学(美国)	15	阿尔伯塔大学(加拿大)
20	不列颠哥伦比亚大学(加拿大)	14	科罗拉多大学(美国)
19	路易斯安那州立大学(美国)	14	威斯康星大学(美国)

从图4.6和表4.6可以看出,于韦斯屈莱大学以29篇排名发文量第一。第二、第三名分别是发文量为28的曼彻斯特城市大学和发文量为27的开普敦大学。排在第四位的是澳大利亚运动研究所。另外里尔大学(发文量25篇)、昆士兰大学(发文量23篇)、佛罗里达大学(发文量22篇)、不列颠哥伦比亚大学(发文量20篇)是发文量靠前的科研机构。从这些机构可以看出,除了澳大利亚运动研究所,其他都是高校,说明国外田径运动研究阵地主要集中在大学教育机构中。从科研机构的国家分布来看,美国的科研机构最多(共8个),美国在田径运动研究的科研机构接近总数的一半,在一定程度上可以看出美国科研机构在田径运动研究领域的霸主地位。

③1998—2003年国外田径运动科技文献高产科研机构中心性和突显词分析

突显词(Burst)是指在短时间内迅速增长或使用频次突然提高的科研机构。根据CitespaceⅢ软件统计发现,1998—2003年国外高产机构的中心性均为零,可以看出,虽然高产国家发文的数量较高,但其影响较小。同时,根据CitespaceⅢ软件统计发现,不列颠哥伦比亚大学(1999,3.85)、奥克兰大学(2000,2.41)两个大学的突显词最高,说明他们在1999年或2000年的发文量增长较快。

(2) 2004—2009年国外田径运动科技文献科研机构知识图谱分析

①2004—2009年国外田径运动科技文献科研机构共现网络分析

打开CitespaceⅢ软件,将下载的2004—2009年的文献信息数据导入到CitespaceⅢ软件中,将网络节点选择为机构"institution",阈值设置为(4,3,20)、(4,3,20)、(4,3,20),表示机构满足出现次数大于4、共现次数大于3、词间相似系数大于0.20这三个条件,点击"运行"开始分析,最后通过可视化的功能生成科研机构的分布及其合作的共现网络图谱,如图4.7所示。图4.7中共有91个节点,25条连线,网络密度为0.0061,美国科研机构之间内部存在一定合作关系。

如图4.7所示,图谱中的节点较为分散,节点之间存在着联系,科研机构间的合作情况一般。澳大利亚运动研究所节点最大,以它为核心的与其他科研机构合作尤为密切。从图4.7中还可以看出,利物浦约翰莫尔斯大学、北卡罗来纳大学与其他科研机构也有过

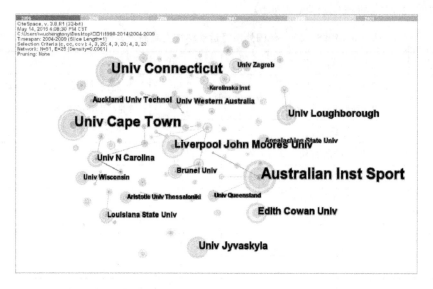

图 4.7　2004—2009 年国外田径运动科技文献科研机构共现网络图谱

一定的合作。

② 2004—2009 年国外田径运动科技文献高产科研机构分析

从图 4.7 和表 4.7 可以看出，澳大利亚运动研究所以 57 篇发文量排名第一。第二、第三名分别是发文量 54 篇的开普敦大学和发文量 52 篇的康涅狄格大学。排在第四位的是利物浦约翰莫尔斯大学(发文量 40 篇)。另外于韦斯屈莱大学(发文量 39 篇)、拉夫堡大学(发文量 37 篇)、伊迪丝科文大学(发文量 36 篇)也都是发文量靠前的科研机构。

从这些机构可以看出，它们基本上都是高校，说明国外田径运动研究阵地主要集中大学教育机构中。从科研机构的国家分布来看，美国占 4 个，澳大利亚占 3 个，其中澳大利亚运动研究所的发文量已经排在第一位，在一定程度上可以看出，澳大利亚科研机构这一阶段对田径运动研究做出了巨大贡献。

表 4.7　2004—2009 年国外田径运动科技文献高产科研机构发文量

发文量	科研机构	发文量	科研机构
57	澳大利亚运动研究所	27	布鲁奈尔大学(英国)
54	开普敦大学(南非)	26	澳大利亚西部大学
52	康涅狄格大学(美国)	26	路易斯安那州立大学(美国)
40	利物浦约翰莫尔斯大学(英国)	25	威斯康星大学(美国)
39	于韦斯屈莱大学(芬兰)	25	萨格勒布大学(克罗地亚)
37	拉夫堡大学(英国)	24	阿帕拉契州立大学(美国)
36	伊迪丝科文大学(澳大利亚)	23	阿尔伯塔大学(加拿大)
31	北卡罗来纳大学(美国)	22	澳大利亚昆士兰大学
28	奥克兰科技大学(新西兰)	22	亚里士多德大学(希腊)

③ 2004—2009年国外田径运动科技文献高产科研机构中心性和突显词分析

根据CitespaceⅢ软件统计发现,2004—2009年国外高产机构的中心性均为零,可以看出,虽然高产国家发文的数量较高,但其影响较小。同时,根据CitespaceⅢ软件统计发现,南非开普敦大学(2004,1.96)、克罗地亚萨格勒布大学(2005,4.18)两个机构的突显词最高,说明它们在2004年、2005年的发文量增长较快。

(3) 2010—2014年国外田径运动科技文献机构知识图谱分析

① 2010—2014年国外田径运动科技文献机构共现网络分析

打开CitespaceⅢ软件,将下载的2010—2014年的文献信息数据导入到Citespace软件中,同样将网络节点选择为机构"institution",阈值设置为(5,3,20)、(5,3,20)、(5,3,20),表示机构满足出现次数大于5、共现次数大于3、词间相似系数大于0.20这三个条件,点击"运行"开始分析,最后通过可视化的功能生成科研机构的分布及其合作的共现网络图谱(见图4.8)。图谱中节点的大小代表着科研机构发文量的多少,节点颜色代表其论文发表的时间。

如图4.8所示,共有节点100个,连线22条,网络密度为0.004 4。图谱中的节点较为分散,节点之间存在着联系,科研机构间的合作情况一般,比如Univ Zurich节点最大,Australian Inst Sport节点次之,以它们俩为核心与其他科研机构合作尤为密切;从图4.8还可以看出,Univ Cape Town、Univ Loughborough与其他科研机构也有过一定的合作。

图4.8　2010—2014年国外田径运动科技文献科研机构共现网络图谱

② 2010—2014年国外田径运动科技文献高产科研机构分析

从图4.8和表4.8可以看出,苏黎世大学以57篇排名发文量第一。第二、第三名分别为发文量54篇的澳大利亚运动研究所和发文量48篇的伊迪丝科文大学。排在第四位的是圣保罗大学(发文量43篇)。另外威斯康星大学(发文量41篇)、拉夫堡大学(发文量41篇)、开普敦大学(发文量40篇)等也都是发文量靠前的科研机构。从这些机构可以看出,它们基本上都是高校,说明国外田径运动研究阵地主要集中在大学教育机构中。从科研机构的国家分布来看,排名前18的科研机构来自12个国家,参与田径运动研究的科研机构越来越多。

表 4.8 2010—2014 年国外田径运动科技文献高产科研机构发文量

发文量	科研机构	发文量	科研机构
65	苏黎世大学(瑞士)	38	康涅狄格大学(美国)
54	澳大利亚运动研究所	33	利物浦约翰莫尔斯大学(英国)
48	伊迪丝科文大学(澳大利亚)	33	北卡罗来纳大学(美国)
43	圣保罗大学(巴西)	32	卡罗林斯卡研究所(瑞典)
41	威斯康星大学(美国)	31	德国科隆体育大学(德国)
41	拉夫堡大学(英国)	30	圣加仑大学(瑞士)
40	开普敦大学(南非)	30	波尔图大学(葡萄牙)
39	挪威学校体育科学(挪威)	29	瑞典中部大学(瑞典)
38	哥本哈根大学(丹麦)	28	卢布尔雅那大学(斯洛文尼亚)

③ 2010—2014 年国外田径运动科技文献高产科研机构中心性和突显词分析

根据 CitespaceⅢ 软件统计发现,2010—2014 年国外高产机构的中心性均为零,可以看出,虽然高产国家发文的数量较高,但其影响较小。同时,根据 CitespaceⅢ 软件统计发现,南非开普敦大学(2011,1.96)、丹麦哥本哈根大学(2010,2.20)和瑞士圣加仑大学(2011,2.33)三个科研机构的突显词最高,说明它们在 2010 年或 2011 年的发文量增长较快。

3) 国外田径运动科技文献作者知识图谱分析

(1) 1998—2003 年国外田径运动科技文献作者知识图谱分析

① 1998—2003 年国外田径运动科技文献作者共现网络分析

一般来说,科学家的科学成就与其在重要刊物上发表的论文数量密切相关,也就是说,科学家高质量的论文越多,其科研成就就越大。因此,考察科学家的科研绩效就是其发表论文的数量。打开 CitespaceⅢ 软件,将下载的 1998—2003 年的文献信息数据导入到 CitespaceⅢ 软件中,同样将网络节点选择为作者"Author",阈值设置为(4,3,20)、(4,3,20)、(4,3,20),表示作者满足出现次数大于 4、共现次数大于 3、词间相似系数大于 0.20 这三个条件,点击"运行"开始分析,最后通过可视化的功能生成作者的分布及其合作的共现网络图谱(见图 4.9)。图谱中节点的大小代表着作者发文量的多少,节点颜色代表其论文发表的时间。

如图 4.9 所示,共有节点 54 个,连线 34 条,网络密度为 0.023 8。节点表示作者,节点的大小反映了作者发文量的大小,节点的年龄结构反映的是作者发文的时间结构,节点的厚度是指作者在 1998—2003 年期间所发表论文的数量,节点的连线表示的是作者的合作关系,其连线的粗细表示作者之间合作次数的多少。如图 4.9 所示,作者共现图谱节点较为分散,高产作者间节点间存在一定的合作;而从整个网络来看,作者间合作情况一般。

② 1998—2003 年国外田径运动科技文献高产作者分析

如图 4.9 所示,作者 Noakes T D 节点最大,说明这一阶段,Noakes T D 在田径运动研究领域依然处于领先地位。表 4.9 列举的是排名前 18 的国家,通过图 4.9 和表 4.9,将这一时期的高产作者分为 4 个梯队:第一梯队是 Noakes T D 和 Komi P V,发文量已达到 48 篇,占整个发文量的 2.58%;第二梯队是 Hue O、Mujika I、Williams C,发文量为 47 篇,占总发

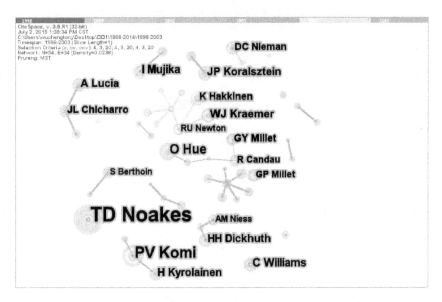

图 4.9　1998—2003 年国外田径运动科技文献作者共现网络图

文量的 2.53%；第三梯队是 Koralsztein J P、Dickhuth H H、Kraemer W J、Lucia A 与 Kyrolainen H，发文量为 70 篇，占总发文量的 3.76%；第四梯队是 Hakkinen K、Chicharro J L、Le Gallais D 等作者，发文量为 101 篇，占总发文量的 5.43%。从排名前 18 的高产作者来看，结合第一阶段国家和机构的共现网络图，美国作者在田径运动研究领域占据着重要的地位，对田径运动研究的发展起着引领作用。

表 4.9　1998—2003 年国外田径运动科技文献高产作者发文量

发文量	作者	发文量	作者
27	Noakes T D	14	Kyrolainen H
21	Komi P V	13	Hakkinen K
17	Hue O	13	Chicharro J L
15	Mujika I	13	Le Gallais D
15	Williams C	13	Millet G Y
14	Koralsztein J P	13	Nieman D C
14	Dickhuth H H	12	Millet G P
14	Kraemer W J	12	Candau R
14	Lucia A	12	Jones A M

③ 1998—2003 年国外田径运动科技文献作者中心性分析

从表 4.10 可以看出，排名前 10 的作者的中间中心性都为零，这说明高产作者不具备控制资源的能力，他们没有掌握田径运动研究比较多的研究资源，作者之间的信息交流较为不通畅。

表 4.10　1998—2003 年国外田径运动科技文献中心性排名前 10 位作者

作者	点度中心性	作者	中间中心性	作者	接近中心性
Komi P V	36.000	Noakes T D	0.000	Noakes T D	6.209
Noakes T D	29.000	Komi P V	0.000	Komi P V	5.263
Hue O	29.000	Hue O	0.000	Hue O	5.263
Kyrolainen H	29.000	Mujika I	0.000	Mujika I	5.263
Kraemer W J	27.000	Williams C	0.000	Williams C	5.263
Candau R	27.000	Koralsztein J	0.000	Koralsztein J	5.263
Nieman D C	26.000	Dickhuth H H	0.000	Dickhuth H H	5.263
Hakkinen K	25.000	Kraemer W J	0.000	Kraemer W J	5.263
Dickhuth H H	25.000	Lucia A	0.000	Lucia A	0.000

如表 4.10 所示，各节点接近中心性都比较平均，都在 5～7 之间，平均值为 5.544。研究表明，此作者合作网络不是一个完整的相连图，即每个节点不可能达到所有节点。

④ 1998—2003 年国外田径运动科技文献作者合作网络块模型分析

通过中心性可以描述单个节点在其网络中的地位，然而不能反映研究群体之间的知识交流，为此引入块模型分析。块模型（Block Models）分析最早是由怀特等人提出的一种研究网络位置模型的方法，是对社会角色的描述性分析。对块模型分析结果的解释有三个层次：一是个体层次，利用个体的属性资料（如性别、年龄等）分析块模型的有效性；二是位置层次，对各个位置（块）进行描述性分析，具体考察各个位置之间是如何发送和接收信息的；三是整体层次分析，利用像矩阵（Image Matrix）对总体的块进行描述。

块模型分析是根据"结构对等性"对行动者进行分类，不同于个体网络分析，它关注的是网络的总体结构。通过此方法更能刻画出田径运动研究合作网络的结构特征。本研究通过 Ucinet 软件中的 CONCOR 程序进行，具体操作过程是 Network Roles and Position Structural CONCOR，分析结果如图 4.10 所示。

如图 4.10 所示，国外田径运动研究合作群体主要分为 7 块，群体①是以 Georae Keith、Cheuvront Samuel N、Noakes Timothy D 等为代表的 7 个作者；群体②是以 Noakes T D、Castaona Carlo、Huo O 等为代表的 10 位作者；群体③是以 Maresh Carl M、Armstrona Lawerence E、Hakkinen Keiio 为代表的 5 位作者；群体④是以 McGuioan Michael R、Newton Robert U 等为代表的 4 位作者；群体⑤是以 Lucia A、Komi P V 为代表的 11 位作者；群体⑥就一位作者 Hew-Butler Tamara；群体⑦是 Chamari Karim、Martin David I 两位作者。

合作网络的密度矩阵表对角线上的值表示群体内部的合作强度，非对角线的值表示群体之间的合作强度。对角线上的值越大，表示群体内部高产作者之间的合作强度就越高，知识流动流畅，内部交流活跃。通过 Ucinet 统计高产作者合作网络的密度矩阵，限于篇幅这里从略。统计发现，群体之间对角线的值按照大小排列为：5(14)＞4(9)＞3(7.667)＞6

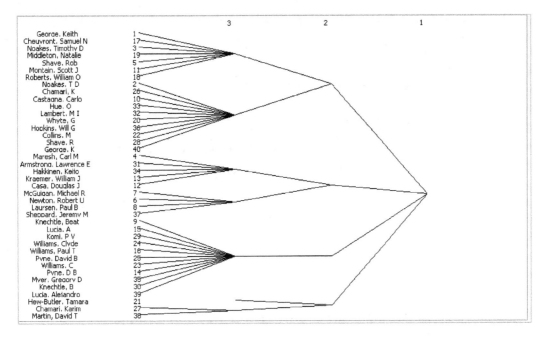

图 4.10　1998—2003 年国外田径运动科技文献作者合作网络树形图

(4.5)＞2(2.333)＞1(0.718)＞7(0)，群体⑤对角线的值最大，意味着群体⑤之间的知识流动流畅，交流比较活跃；然而群体①和群体②的对角线值相对较小，说明他们之间的合作交流相对较少，缺乏专业领域的对话。整个网络的密度值经过计算为 0.377 0，将大于 0.377 0 的值改为 1，小于 0.377 0 的值为 0，得到像矩阵，分析得到的完全是一个对角线矩阵，由此可以看出，1998—2003 年期间国外田径运动研究高产群体合作网络分为 7 个子群，合作现象出现在群体内部，而各个子群之间基本上不存在合作交流。

(2) 2004—2009 年国外田径运动科技文献作者知识图谱分析

① 2004—2009 年国外田径运动科技文献作者共现网络分析

打开 CitespaceⅢ软件，将下载的 2004—2009 年的文献信息数据导入到 Citespace 软件中，同样将网络节点选择作者"Author"，阈值设置为(4,3,20)、(4,3,20)、(4,3,20)，表示作者满足出现次数大于 4，共现次数大于 3，词间相似系数大于 0.20 这三个条件，点击"运行"开始分析，最后通过可视化的功能生成作者的分布及其合作的共现网络图谱(见图 4.11)。如图 4.11 所示，共有节点 68 个，连线 32 条，网络密度为 0.022 4。

② 2004—2009 年国外田径运动科技文献高产作者分析

如图 4.11 所示，作者 George Keith 和 Noakes T D 节点最大，说明这一阶段，George Keith、Noakes T D 在田径运动研究领域依然处于领先地位。表 4.11 列举的是排名前 18 的作者。通过图 4.11 和表 4.11，将这一时期的高产作者分为 4 个梯队：第一梯队是 George Keith、Noakes T D 发文量已达 34 篇，占整个发文量的 1.07%；第二梯队是 Noakes Timothy D、Maresh Carl M、Shave Rob；第三梯队是 Newton Robert U、McGuigan Michael R、Laursen Paul B、Castagna Carlo 与 Montain Scott J、Casa Douglas J；第四梯队是 Kraemer William J、Pyne D B、Lucia A 等作者。从排名前 18 的高产作者来看，结合第一阶

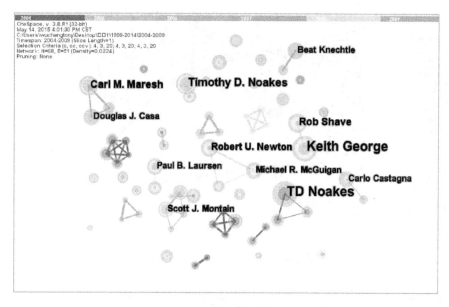

图 4.11 2004—2009 年国外田径运动科技文献作者共现网络图

段国家和机构的共现网络图,美国作者在田径运动研究领域占据着重要地位,对田径运动的发展起着引领的作用。

表 4.11 2004—2009 年国外田径运动科技文献高产作者发文量

发文量	作者	发文量	作者
17	George Keith	11	Castagna Carlo
17	Noakes T D	11	Montain Scott J
14	Noakes Timothy D	11	Casa Douglas J
13	Maresh Carl M	10	Kraemer William J
13	Shave Rob	10	Pyne D B
12	Newton Robert U	10	Lucia A
12	McGuigan Michael R	10	Williams Paul T
11	Laursen Paul B	10	Cheuvront S N
11	Knechtle Beat	10	Roberts William O

③ 2004—2009 年国外田径运动科技文献作者中心性分析

如表 4.12 所示,可以看出 George Keith 的点度中心性最高,其绝对点度中心性是 22。根据点度中心性的概念,说明 George Keith 与其他 22 个作者(节点)有直接联系,也就是说,他与 22 个作者共同发表过论文;点度中心性高的作者,其发文量也较多,说明发表论文多的作者与其他作者有较多的合作。

从表 4.12 可以看出,具有中间中心性最高的是 H-Butler T(3.695),这说明 H-Butler T 是 2004—2009 年期间作者合作网络的桥梁枢纽人物,他掌握了田径运动研究比较多的研究资源,控制着大多数作者之间的信息交流;而其他作者 Newton Robert U 和 McGuigan Michael R 的中间中心性也达到 2.956,这说明他们也具备一定的控制资源的能力。

表 4.12　2004—2009 年国外田径运动科技文献中心性排名前 10 位作者

作者	点度中心性	作者	中间中心性	作者	接近中心性
George Keith	22.000	H-Butler T	3.695	George Keith	4.309
Shave Rob	18.000	Newton R U	2.956	Shave Rob	4.309
Pyne D B	15.000	McGuigan M R	2.956	Newton R U	4.303
Middleton N	14.000	Laursen P B	2.463	McGuigan M R	4.303
Cheuvront S N	11.000	George Keith	0.616	Laursen P B	4.290
Newton R U	11.000	Maresh C M	0.616	Noakes T	4.290
Kraemer W J	11.000	Shave Rob	0.616	Maresh C M	4.284
Montain S J	11.000	Noakes T	0.000	Castagna C	4.227
McGuigan M R	10.000	Knechtle Beat	0.000	Noakes T D	3.448
Casa D J	10.000	Castagna C	0.000	Knechtle B	0.000

如表 4.12 所示,各节点接近中心性都比较平均,都在 3～5 之间,平均值为 4.120。根据网络图可以看出,作者合作网络不是一个完整的相连图,即每个节点不可能达到所有节点。

④ 2004—2009 年国外田径运动科技文献作者共现网络块模型分析

本节同样通过 Ucinet 软件中的 CONCOR 程序进行,具体操作过程是 Network Roles and position Structural CONCOR,分析结果如图 4.12 所示。图 4.12 中国外田径运动研究合作群体主要分为 6 个群体,群体①是以 Georae Keith、Shave Rob、Middleton Natalle、Hew-Butler Tamara 等为代表的 4 个作者;群体②是以 Cheuvront Sumuel N、Noakes Timothy D 等为代表的 4 位作者;群体③是以 Colins M、Shave R 为代表的 7 位作者;群体④是以 Casa Douglas J 等为代表的 3 位作者;群体⑤是以 McGuioan Michael R 为代表的 2 位作者;群体⑥是 Lucia A、Williams C 为代表的 10 位作者。

通过 Ucinet 统计高产作者合作网络的密度矩阵,结果发现,群体之间对角线的值按照大小排列为:4(5.667)＞1(4.667)＞2(2.167)＞3(1.667)＞2(2.333)＞5,6(0),群体④对角线的值最大,意味着群体④之间的知识流动流畅,交流比较活跃;然而群体⑤和群体⑥的对角线值为 0,说明他们之间没有合作交流,缺乏专业领域的对话。整个网络的密度值经过计算为 0.413,将大于 0.413 的值改为 1,小于 0.413 的值改为 0,得到像矩阵,分析得到的完全是一个对角线矩阵。2004—2009 年期间国外田径运动研究高产群体合作网络分为 6 个群体,除了群体⑤和群体⑥以外,其他 4 个群体内部之间合作现象比较活跃;群体③和群体⑤子群之间存在合作与交流。

(3) 2010—2014 年国外田径运动科技文献作者知识图谱分析

① 2010—2014 国外田径运动科技文献作者共现网络分析

打开 CitespaceⅢ 软件,将下载的 2010—2014 年的文献信息数据导入到 Citespace 软件

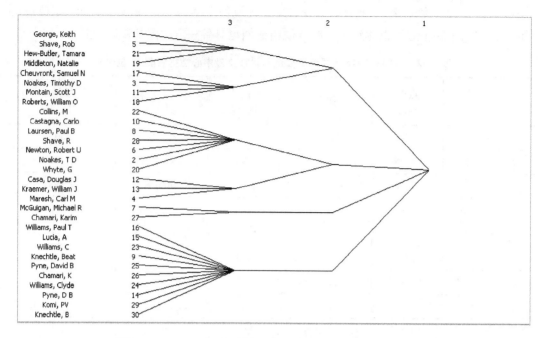

图 4.12　2004—2009 年国外田径运动研究作者合作网络树形图

中,同样将网络节点选择为作者"Author",阈值设置为(5,3,20)、(5,3,20)、(5,3,20),表示作者满足出现次数大于5、共现次数大于3、词间相似系数大于0.20这三个条件,点击"运行"开始分析,最后通过可视化的功能生成作者的分布及其合作的共现网络图谱(见图4.13)。如图4.13所示,共有节点 55 个,连线 24 条,网络密度为 0.022 2。

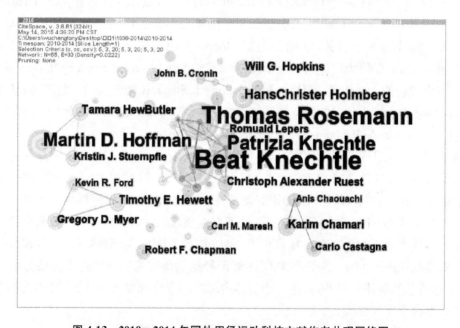

图 4.13　2010—2014 年国外田径运动科技文献作者共现网络图

② 2010—2014 年国外田径运动科技文献高产作者分析

如图 4.13 所示,作者 Beat Knechtle 节点最大,发文量为 47 篇;其次是 Rosemann Thomas,发文量为 43 篇,说明这一阶段,Beat Knechtle 和 Rosemann Thomas 在田径运动研究领域依然处于领先地位。表 4.13 列举的是排名前 18 的作者。通过图 4.13 和表 4.13,将这一时期的高产作者分为 4 个梯队:第一梯队是 Beat Knechtle 和 Rosemann Thomas 发文量已达 90 篇,占高产作者发文量的 37.3%;第二梯队是 Knechtle Patrizia 和 Hoffman Martin D 及 Holmberg Hans-Christer;第三梯队是 Hopkins Will G 和 Hewett Timothy E 等作者;第四梯队是 Hew-Butler Tamara、Stuempfle Kristin J 和 Lepers Romuald 等作者。从排名前 18 的高产作者来看,结合第一阶段国家和机构的共现网络图,美国作者在田径运动研究领域依然占据着重要地位,对田径运动的发展起着引领的作用。

表 4.13 2010—2014 年国外田径运动科技文献高产作者发文量

发文量	作者	发文量	作者
47	Beat Knechtle	19	Ruest Christoph Alexander
43	Rosemann Thomas	19	Myer Gregory D
35	Knechtle Patrizia	18	Stuempfle Kristin J
33	Hoffman Martin D	18	Lepers Romuald
24	Holmberg Hans-Christer	18	Castagna Carlo
20	Hopkins Will G	18	Chapman Robert F
20	Hewett Timothy E	17	Ford Kevin R
20	Chamari Karim	16	Cronin John B
20	Hew-Butler Tamara	16	Maresh Carl M

③ 2010—2014 年国外田径运动科技文献高产作者中心性分析

如表 4.14 所示,我们可以看出 Beat Knechtle 的点度中心性最高,其绝对点度中心性是 112,说明 Beat Knechtle 与其他 112 个作者(节点)有直接联系,也就是他与 112 个作者共同发表过论文;点度中心性高的作者,他的发文量也较多,说明发表论文多的作者与其他作者有较多的合作,比如 Rosemann Thomas、Noakes Knechtle、Patrizia。具有中间中心性最高的是 Kraemer William J(2.217),这说明 Kraemer William J 是 2010—2014 年期间作者合作网络的桥梁枢纽人物,他掌握了田径运动研究比较多的研究资源,控制着大多数作者之间的信息交流;Hoffman 的中间中心性的值也较高,说明他们也具备一定控制资源的能力。

表 4.14 2010—2014 年国外田径运动科技文献中心性排名前 10 位作者

作者	点度中心性	作者	中间中心性	作者	接近中心性
Beat K	112.000	Kraemer W J	2.217	Hoffman M	4.143
Rosemann T	110.000	Hoffman M	1.970	Hew-Butler T	4.119
Knechtle P	90.000	Beat K	0.000	Beat K	3.994
Ruest C	61.000	Rosemann T	0.000	Rosemann T	3.994
Lepers R	48.000	Knechtle P	0.000	Knechtle P	3.994
Hoffman M	36.000	Holmberg H	0.000	Ruest C	3.994
Myer G	33.000	Hopkins W	0.000	Chamari K	3.841
Hewett T	33.000	Hewett T	0.000	Hopkins W	3.567
Ford K	32.000	Chamari K	0.000	Hewett T	3.571
Hew-Butler T	31.000	Hew-Butler T	0.000	Holmberg H	0.000

如表 4.14 所示,各节点接近中心性都比较平均,都在 3~5 之间,平均值为 4.149。根据网络图可以看出,作者合作网络不是一个完整的相连图,即每个节点不可能达到所有节点。

④ 2010—2014 年国外田径运动科技文献高产作者合作网络块模型分析

本小节同样通过 Ucinet 软件中的 CONCOR 程序进行,具体操作过程是 Network Roles and position Structural CONCOR,分析结果见图 4.14。图 4.14 中,国外田径运动研究合作群体主要分为 7 块,群体①是以 Beat Knechtle、Rosemann Thomas 等为代表的 3 个作者;群体②是以 Ruest Christoph Alexander、Lepers Romuald 等为代表的 4 位作者;群体③是以 Casa Douglas J、Hoffman Martin D 为代表的 7 位作者,是最大的群体;群体④是以 Gore Chrisiopher、Holmberg Hans-Christer 等为代表的 12 位作者;群体⑤是以 Castagna Carlo 为代表的 4 位作者;群体⑥和群体⑦都只有一个作者。

通过 Ucinet 统计高产作者合作网络的密度矩阵表,结果发现,群体之间对角线的值按照大小排列为 2(37.333)>3(10)>6(4.833)>4(3.286)>5,7,1(0),群体②对角线的值最大,意味着群体②之间的知识流动流畅,交流比较活跃;然而群体①、群体⑤和群体⑦的对角线值都为 0,说明他们之间根本没有合作交流,更谈不上专业领域的对话。整个网络的密度值经过计算为 0.477 0,将大于 0.477 0 的值改为 1,小于 0.477 0 的值为 0,得到像矩阵,分析得到的完全是一个对角线矩阵。2010—2014 年期间国外田径运动研究高产群体合作网络分为 7 个群体,除了群体①、群体⑤和群体⑦以外,其他 4 个群体内部之间合作现象比较活跃;群体①和群体③、群体②和群体③、群体⑤和群体⑥之间存在合作交流。

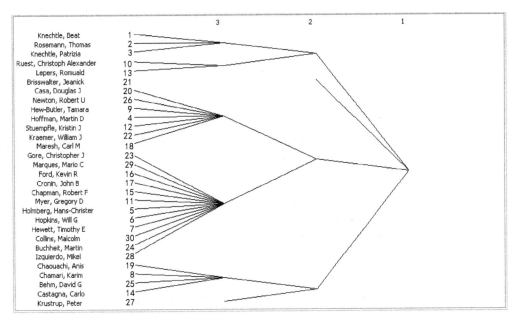

图 4.14　2010—2014 年国外田径运动科技文献作者合作网络树形图

4.2.2　国内田径运动科技文献的知识主体图谱分析

通过查阅国内文献，尚未发现其他国家在国内期刊刊发田径运动相关研究，因此，国内其他国家共现网络分析内容在本研究就不再进行详述。

1）国内田径运动科技文献科研机构知识图谱分析

（1）1998—2003 年国内田径运动科技文献科研机构知识图谱分析

① 1998—2003 年国内田径运动科技文献科研机构共现网络分析

打开 CitespaceⅢ软件，将下载的 1998—2003 年的文献信息数据导入到 Citespace 软件中，将网络节点选择为机构"Institution"，阈值设置为（2,3,20）、（2,3,20）、（2,3,20），表示机构满足出现次数大于 2、共现次数大于 3、词间相似系数大于 0.20 这三个条件，点击"运行"开始分析，最后通过可视化的功能生成机构的分布及其合作的共现网络图谱，如图 4.15 所示。图谱中节点的大小代表着科研机构发文量的多少，节点颜色代表其论文发表的时间。图 4.15 中共有节点 48 个，连线 7 条，网络密度为 0.006 2。科研机构共现图谱中，节点较为分散，高产科研机构间节点之间联系较少，作者间合作不密切。

② 1998—2003 年国内田径运动科技文献高产科研机构分析

如图 4.15 所示，北京体育大学和北京体育大学田径教研室节点最大，说明这一阶段，北京体育大学在田径运动研究领域处于领先地位。表 4.15 列举的是排名前 18 的院校，通过图 4.15 和表 4.15，将这一时期的高产机构分为 4 个梯队：第一梯队是北京体育大学和武汉体育学院，发文量已达 88 篇，占高产机构发文量的 35.1%；第二梯队是成都体育学院、广州体育学院、西安体育学院；第三梯队是天津体育学院、上海体育学院、沈阳体育学院与浙江大学；第四梯队是聊城大学、集美大学等机构。从排名前 18 的高产机构来看，结合机构共现网络图，北京体育大学在田径运动研究领域占据着重要的地位，对田径运动的发展起着引

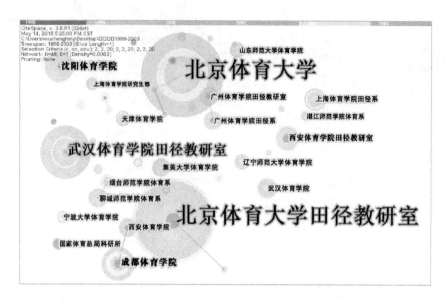

图 4.15　1998—2003 年国内田径运动科技文献科研机构共现网络图

领的作用;除了国家体育总局以外,科研机构都来自高校,可以看出,高校是这一阶段我国田径运动研究的重要阵地。

表 4.15　1998—2003 年国内田径运动科技文献高产科研机构发文量

发文量	机构	发文量	机构
52	北京体育大学	7	聊城大学
36	武汉体育学院	7	集美大学
23	成都体育学院	7	国家体育总局
18	广州体育学院	6	河北体育学院
18	西安体育学院	6	杭州师范学院
17	天津体育学院	5	山东师范大学
17	上海体育学院	5	烟台师范学院
10	沈阳体育学院	4	辽宁师范大学
9	浙江大学	4	江苏大学

③ 1998—2003 年国内田径运动科技文献高产科研机构中心性和突显词分析

根据 CitespaceⅢ 软件统计发现,1998—2003 年国内高产机构的中心性均为零,可以看出,虽然高产机构发文的数量较高,但其影响较小。根据 CitespaceⅢ 软件统计发现,广州体育学院(1998,2.23)、沈阳体育学院(1999,4.38)和山东师范大学(2000,2)三个机构的突显词最高,说明它们分别在 1998 年、1999 年和 2000 年的发文量增长较快。

(2) 2004—2009 年国内田径运动科技文献科研机构知识图谱分析

① 2004—2009 年国内田径运动科技文献科研机构共现网络分析

打开 CitespaceⅢ软件,将下载的 2004—2009 年的文献信息数据导入到 Citespace 软件中,将网络节点选择为机构"Institution",阈值设置为(2,3,20)、(2,3,20)、(2,3,20),表示机构满足出现次数大于 2、共现次数大于 3、词间相似系数大于 0.20 这三个条件,点击"运行"开始分析,最后通过可视化的功能生成机构的分布及其合作的共现网络图谱(见图4.16)。图 4.16 中网络密度为 0.006 8,网络密度较低,反映科研机构之间合作不紧密。

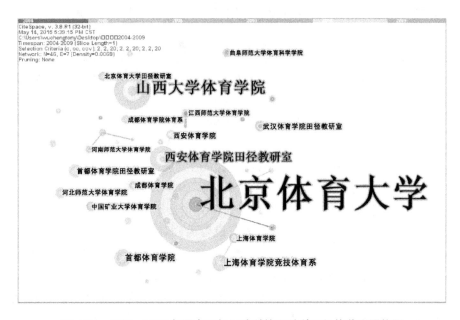

图 4.16　2004—2009 年国内田径运动科技文献科研机构共现网络图

② 2004—2009 年国内田径运动科技文献高产科研机构分析

如图 4.16 所示,北京体育大学节点最大,说明这一阶段,北京体育大学在田径运动研究领域依然处于领先地位。表 4.16 列举的是排名前 18 的机构。

表 4.16　2004—2009 年国内田径运动科技文献高产科研机构发文量

发文量	科研机构	发文量	科研机构
45	北京体育大学	6	广州体育学院
22	西安体育学院	6	集美大学
20	上海体育学院	6	曲阜师范大学
15	首都体育学院	5	天津体育学院
14	山西大学	5	中国矿业大学
14	成都体育学院	5	江西师范大学
12	武汉体育学院	4	天津大学
6	聊城大学	4	山东师范大学
6	河北师范大学	4	武汉科技大学

通过图 4.16 和表 4.16,将这一时期的高产机构分为 4 个梯队:第一梯队是北京体育大学和西安体育学院,发文量已达到 67 篇,占高产机构发文量的 33.7%;第二梯队是上海体育学院、首都体育学院、山西大学、成都体育学院、武汉体育学院;第三梯队是聊城大学、河北师范大学、广州体育学院等机构;第四梯队是天津体育学院、中国矿业大学等机构。从排名前 18 的高产机构来看,结合机构共现网络图,北京体育大学在田径运动研究领域占据着重要的地位,对田径运动的发展起着引领的作用;科研机构都来自高校,可以看出,高校是我国田径运动研究的重要阵地。

③ 2004—2009 年国内田径运动科技文献高产科研机构中心性和突显词分析

根据 Citespace 软件统计发现,2004—2009 年国内高产机构的中心性均为零,可以看出,虽然高产机构发文的数量较高,但其影响较小。根据 Citespace 软件统计发现,山西大学体育学院(2007,3.62)、西安体育学院(2007,3)两个机构的突显词最高,说明在 2007 年它们的发文量增长较快。

(3) 2010—2014 年国内田径运动科技文献科研机构知识图谱分析

① 2010—2014 年国内田径运动科技文献科研机构共现网络分析

打开 CitespaceⅢ软件,将下载的 2010—2014 年的文献信息数据导入到 Citespace 软件中,将网络节点选择为机构"Institution",阈值设置为(2,3,20)、(2,3,20)、(2,3,20),表示机构满足出现次数大于 2、共现次数大于 3、词间相似系数大于 0.20 这三个条件,点击"运行"开始分析,最后通过可视化的功能生成机构的分布及其合作的共现网络图谱(见图 4.17)。图 4.17 中网络密度为 0.034 6,网络密度较低,表明机构之间合作不紧密;北京体育大学与其他院校之间合作最为密切,其中一部分主要是导师与学生的科研合作。

图 4.17 2010—2014 年国内田径运动科技文献科研机构共现网络图

② 2010—2014 年国内田径运动科技文献高产机构分析

如图4.17所示,在这一阶段,北京体育大学、西安体育学院分别排名第一、第二,它们在田径运动研究领域依然处于领先地位。表4.17列举的是排名前18的院校。通过图4.17和表4.17,将这一时期的高产机构分为4个梯队:第一梯队是北京体育大学和西安体育学院,发文量已达40篇,占整个发文量的18%;第二梯队是山西大学、上海体育学院、安徽工程大学;第三梯队是西南大学、苏州大学、曲靖师范学院等机构;第4梯队是国家体育总局、河南大学等机构。从排名前18的高产机构来看,结合机构共现网络图,北京体育大学、西安体育学院、上海体育学院在田径运动研究上处于领先地位,而其他各省体育院校在田径运动的研究上存在不足,论文发表的数量逐渐下降,反而一些非体育院校机构在田径运动的研究中占据着一席之地。

表4.17 2010—2014年国内田径运动科技文献高产科研机构发文量

发文量	科研机构	发文量	科研机构
29	北京体育大学	4	曲靖师范学院
11	西安体育学院	4	江汉大学
9	山西大学	3	国家体育总局
6	上海体育学院	3	河南大学
5	安徽工程大学	3	厦门大学
4	西南大学	3	武汉体育学院
4	苏州大学	3	华中科技大学
4	郑州大学	3	湛江师范学院
6	江西师范大学	2	中北大学

③ 2010—2014年国内田径运动科技文献高产科研机构中心性和突显词分析

根据CitespaceⅢ软件统计发现,2010—2014年国内高产机构的中心性均为零,可以看出,虽然高产机构发文的数量较高,但其影响较小。同时,根据CitespaceⅢ软件统计,未发现突显的科研机构。

2) 国内田径运动科技文献作者知识图谱分析

(1) 1998—2003年国内田径运动科技文献作者知识图谱分析

① 1998—2003年国内田径运动科技文献作者共现网络分析

打开CitespaceⅢ软件,将下载的1998—2003年的文献信息数据导入到CitespaceⅢ软件中,同样将网络节点选择为作者"Author",阈值设置为(2,2,20)、(2,2,20)、(2,2,20),表示作者满足出现次数大于2、共现次数大于2、词间相似系数大于0.20这三个条件,点击"运行"开始分析,最后通过可视化的功能生成作者的分布及其合作的共现网络图谱(见图4.18)。图4.18中共有节点48个,连线34条,网络密度为0.030 1,显示作者之间合作不紧密。

② 1998—2003年国内田径运动科技文献高产作者分析

图4.18中作者骆建节点最大,发文量为10篇;其次是郭元奇和苏斌,发文量都为8篇,

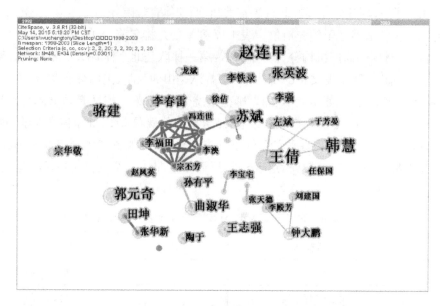

图 4.18　1998—2003 年国内田径运动科技文献作者共现网络图

说明这一阶段,骆建、郭元奇和苏斌在田径运动研究领域处于领先地位。从排名前 18 的高产作者来看,结合第一阶段国家和机构的共现网络图,北京体育大学的作者在田径运动研究领域占据重要的地位,对田径运动研究的发展起着引领的作用;从发文量来看,我国学者在田径运动研究高水平论文的量上还是有所欠缺。

表 4.18　1998—2003 年国内田径运动科技文献高产作者发文量

发文量	作者	发文量	作者
10	骆　建	5	田　坤
8	郭元奇	5	李铁录
8	苏　斌	5	曲淑华
7	李春雷	5	王志强
7	韩　慧	5	张英波
7	赵连甲	5	钟大鹏
7	王　倩	5	罗跃兵
6	孙有平	5	李福田
5	李　强	4	龙　斌

③ 1998—2003 年国内田径运动科技文献高产作者中心性分析

如表 4.19 所示,可以看出王倩的点度中心性最高,其绝对点度中心性是 7。根据点度中心性的概念,说明王倩与其他 7 个作者(节点)有直接联系,也就是说,他与 7 个作者共同发表过论文。根据表 4.19 可以发现,点度中心性高的作者,他的发文量未必多,熊西北的发文量不在发文量榜单前 18 名,然而他的中心性却排在第五;还有,骆建的论文发文量排在第一位,然而他的点度中心性却排在后面。

从表 4.19 可以看出，具有中间中心性最高的是韩慧和王倩，这说明韩慧和王倩是 1998—2003 年期间作者合作网络的桥梁枢纽人物，掌握了田径运动研究比较多的研究资源，其控制着大多数作者之间的信息交流；余下的其他作者的中间中心性都为 0，说明他们不具备控制资源的能力。

如表 4.19 所示，各节点接近中心性都比较平均，都在 3~5 之间，平均值为 3.882。根据网络图可以看出，作者合作网络不是一个完整的相连图，即每个节点不可能达到所有节点。

表 4.19　1998—2003 年国内田径运动科技文献中心性排名前 10 位作者

作者	点度中心性	作者	中间中心性	作者	接近中心性
王　倩	7.000	韩　慧	2.463	王　倩	4.322
韩　慧	7.000	王　倩	1.108	韩　慧	4.315
左　斌	6.000	骆　建	0.000	赵连甲	4.284
曲淑华	5.000	郭元奇	0.000	孙有平	4.284
熊西北	4.000	苏　斌	0.000	骆　建	3.448
张华新	4.000	李春雷	0.000	田　坤	3.448
田　坤	4.000	赵连甲	0.000	苏　斌	3.448
赵连甲	4.000	孙有平	0.000	郭元奇	0.000
孙有平	3.000	李　强	0.000	李春雷	0.000
赵凤英	2.000	田　坤	0.000	李　强	0.000

④ 1998—2003 年国内田径运动科技文献作者合作网络块模型分析

本节同样通过 Ucinet 软件中的 CONCOR 程序进行，具体操作过程是 Network Roles and Position Structural CONCOR，分析结果如图 4.19 所示。图 4.19 中国内田径运动研究合作群体主要分为 6 块：群体①是以骆建、吴向明为代表的 2 位作者；群体②以苏斌、张华新、罗跃兵等为代表的 6 位作者；群体③是以左斌、王倩、赵连甲为代表的 5 位作者；群体④是以曲淑华、张英波等为代表的 3 位作者；群体⑤是以郭元奇、李铁录、李春雷等为代表的 12 位作者；群体⑥是以王志强、赵凤英为代表的 2 位作者。

通过 Ucinet 统计高产作者合作网络的密度矩阵，对角线上的值显示群体内部的合作强度，非对角线的值表示群体之间的合作强度。对角线上的值越大，表示群体内部的高产作者之间合作强度就越高，知识流动流畅，内部交流活跃。群体之间对角线的值按照大小排列为 4(1.333)＞3(1.3)＞5,1(1)＞2(0.4)＞6(0)，群体④对角线的值最大，意味着群体④之间知识流动相对流畅，交流比较活跃；然而群体⑥为 0，说明他们之间根本没有合作交流，更谈不上专业领域的对话。

整个网络的密度值经过计算为 0.066 7，将大于 0.066 7 的值改为 1，小于 0.066 7 的值改为 0，得到像矩阵，分析得到的完全是一个对角线矩阵。1998—2003 年期间国内田径运动研究高产群体合作网络分为 6 个子群，除了群体⑥以外，其他 5 个群体内部之间合作现象比较活跃；群体②和群体⑤、群体③和群体④两组子群外部之间存在合作与交流。

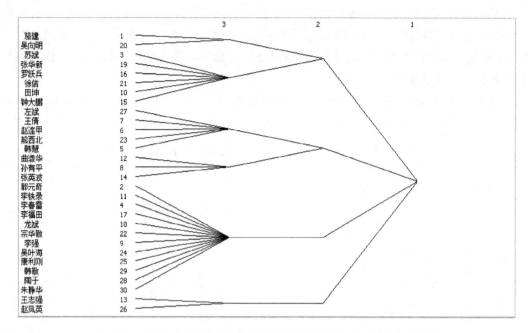

图 4.19　1998—2003 年国内田径运动科技文献作者合作网络树形图

(2)2004—2009 年国内田径运动科技文献作者共现图谱分析

① 2004—2009 年国内田径运动科技文献作者共现网络分析

打开 CitespaceⅢ软件,将下载的 2004—2009 年的文献信息数据导入到 CitespaceⅢ软件中,同样将网络节点选择为作者"Author",阈值设置为(2,2,20)、(2,2,20)、(2,2,20),表示作者满足出现次数大于 2、共现次数大于 2、词间相似系数大于 0.20 这三个条件,点击"运行"开始分析,最后通过可视化的功能生成作者的分布及其合作的共现网络图谱,如图 4.20 所示,共有节点 48 个,连线 34 条,网络密度为 0.030 1,密度较低,显示作者之间合作不紧密。

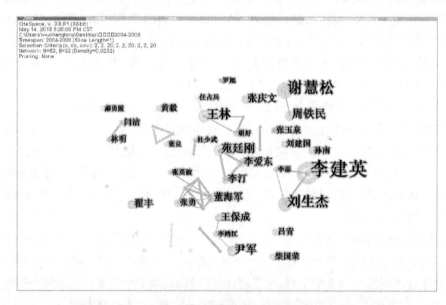

图 4.20　2004—2009 年国内田径运动科技文献作者共现网络图

② 2004—2009 年国内田径运动科技文献高产作者分析

如图 4.20 所示,作者李建英、谢慧松节点最大,发文量都为 10 篇,说明这一阶段李建英、谢慧松在田径运动研究领域处于领先地位。从排名前 18 的高产作者来看,结合第一阶段国家和机构的共现网络图,北京体育大学的作者在田径运动研究领域占据重要的地位,对田径运动的发展起着引领作用,代表作者有谢慧松、周铁民、孙南等。从发文量来看,我国学者在田径运动研究高水平论文的量上还是有所欠缺。

表 4.20 2004—2009 年国内田径运动科技文献高产作者发文量

发文量	作者	发文量	作者
11	李建英	5	李爱东
11	谢慧松	5	王保成
8	刘生杰	5	翟 丰
7	王 林	5	张庆文
7	骆 建	5	张玉泉
6	董海军	5	孙 南
6	周铁民	5	李 汀
6	苑廷刚	4	柴国荣
6	尹 军	4	闫 洁

③ 2004—2009 年国内田径运动科技文献高产作者中心性分析

从表 4.21 中可以看出,李汀、苑廷刚和李爱东的点度中心性最高,其绝对点度中心性是 14。根据点度中心性的概念,说明王倩、苑廷刚和李爱东与其他 14 个作者(节点)有直接联系,也就是说,他们与 14 个作者共同发表过论文。根据表 4.21 可以发现,点度中心性与发文量不呈正相关,李汀的发文量排在 16 位,他的中心性却排在第 1;还有,胡水清的论文发文量排在 27 位,他的点度中心性却排在第 4。可以看出,国内论文作者的发文量与中心性是不成正相关的。从表 4.21 可以看出,具有中间中心性最高的是董海军,这说明他是 2004—2009 年期间作者合作网络的桥梁枢纽人物,他掌握了田径运动研究比较多的研究资源,控制着大多数作者之间的信息交流;苑廷刚、李爱东的中间中心性的值也较高,说明他们也具备一定的控制资源的能力;其他作者的中间中心性都为 0,说明他们不具备控制资源的能力。

如表 4.21 所示,各节点接近中心性都比较平均,都在 3~4 之间,平均值为 3.608。根据网络图可以看出,作者合作网络不是一个完整的相连图,即每个节点不能达到所有节点。

表 4.21　2004—2009 年国内田径运动科技文献中心性排名前 10 位作者

作者	点度中心性	作者	中间中心性	作者	接近中心性
李　汀	14.000	董海军	0.246	苑廷刚	4.846
苑廷刚	14.000	苑廷刚	0.082	李爱东	3.841
李爱东	14.000	李爱东	0.082	李建英	3.573
胡水清	9.000	李建英	0.000	刘生杰	3.571
李建英	7.000	谢慧松	0.000	董海军	3.571
刘生杰	5.000	刘生杰	0.000	谢慧松	3.448
谢慧松	4.000	王　林	0.000	周铁民	3.448
李　磊	4.000	骆　建	0.000	尹　军	3.448
周铁民	4.000	周铁民	0.000	王　林	0.000
王保成	3.000	尹　军	0.000	骆　建	0.000

④ 2004—2009 年国内田径运动科技文献作者合作网络块模型分析

本节同样通过 Ucinet 软件中的 CONCOR 程序进行,具体操作过程是 Network Roles and position Structural CONCOR,分析结果如图 4.21 所示。图 4.21 中国内田径运动研究合作群体主要分为 6 块:群体①是以李建英、刘生杰和李磊为代表的 3 位作者;群体②以谢慧松、刘建国、尹军等为代表的 8 位作者;群体③是以苑廷刚、李爱东、李汀为代表的 3 位作者;群体④是以胡水清、王保成为代表的 2 位作者;群体⑤是以孙南、李春雷、柴国荣等为代表的 13 位作者;群体⑥是只有 1 位作者董海军。

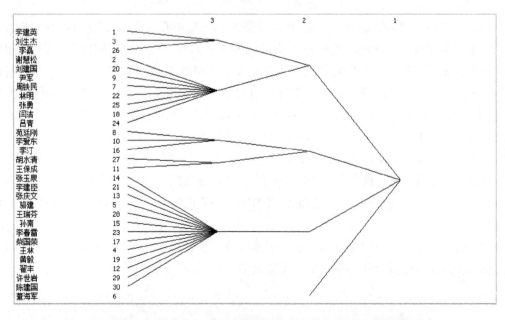

图 4.21　2004—2009 年国内田径运动科技文献作者合作网络树形图

通过 Ucinet 统计高产作者合作网络的密度矩阵,结果发现,群体之间对角线的值按照大小排列为 3(5)＞1(2.667)＞2(0.286)＞4,5,6(0),群体③对角线的值最大,意味着群体③之间知识流动相对流畅,交流比较活跃;群体④、群体⑤和群体⑥为都为 0,说明他们之间根本没有合作交流,更谈不上专业领域的对话。整个网络的密度值经过计算为 0.103 4,将大于 0.103 4 的值改为 1,小于 0.103 4 的值改为 0,得到像矩阵,分析得到的完全是一个对角线矩阵。2004—2009 年期间国内田径运动研究高产作者群体合作网络分为 6 个子群,除了群体④、群体⑤和群体⑥以外,其他 3 个群体内部之间合作现象比较活跃;群体②和群体⑤、群体③和群体④两组子群外部之间存在合作交流。

(3) 2010—2014 年国内田径运动科技文献作者知识图谱分析

① 2010—2014 年国内田径运动科技文献作者共现网络分析

打开 CitespaceⅢ软件,将下载的 2010—2014 年的文献信息数据导入到 Citespace 软件中,同样将网络节点选择为作者"Author",阈值设置为(2,2,20)、(2,2,20)、(2,2,20),表示作者满足出现次数大于 2、共现次数大于 2、词间相似系数大于 0.20 这三个条件,点击"运行"开始分析,最后通过可视化的功能生成作者的分布及其合作的共现网络图谱,如图 4.22 所示,共有节点 48 个,连线 34 条,网络密度为 0.030 1,网络密度较低,显示作者之间合作不紧密。

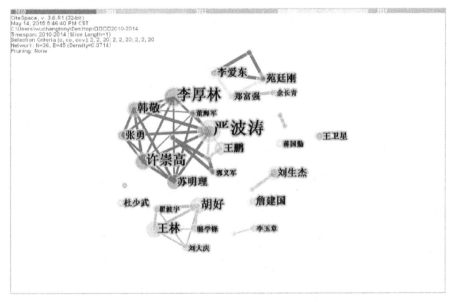

图 4.22　2010—2014 年国内田径运动科技文献作者共现网络图

② 2010—2014 年国内田径运动科技文献高产作者频次分析

如图 4.22 所示,作者严波涛节点最大,发文量为 9 篇,说明这一阶段严波涛在田径运动研究领域处于领先地位。表 4.22 列举的是排名前 18 的作者。

从排名前 18 的高产作者来看,结合第一阶段国家和机构的共现网络图,北京体育大学学者在田径运动研究领域占据重要的地位,对田径运动的发展起着引领的作用,代表作者有王林、詹建国、王卫星等。从发文量来看,我国学者在田径运动研究高水平论文的量上还是有所欠缺。

表 4.22　2010—2014 年国内田径运动科技文献高产作者发文量

发文量	作者	发文量	作者
9	严波涛	5	苑廷刚
8	李厚林	5	李爱东
7	许崇高	5	张　勇
6	韩　敬	5	刘生杰
6	胡　好	4	郑富强
6	王　林	4	王卫星
5	詹建国	4	杜少武
5	王　鹏	3	张　雨
5	苏明理	3	骆学锋

③ 2010—2014 年国内田径运动科技文献高产作者中心性分析

从表 4.23 中可以看出,严波涛和许崇高的点度中心性最高,其绝对点度中心性是 25。根据点度中心性的概念,说明他们与其他 25 个作者(节点)有直接联系,也就是说,他们与 25 个作者共同发表过论文。根据表 4.23 可以发现,点度中心性与发文量呈正相关,严波涛的发文量排在 1 位,他的中心性也排在第 1;还有,李厚林的论文发文量排在第 2 位,他的点度中心性排在第 3。

从表 4.23 可以看出,具有中间中心性最高的是李厚林,这说明他是 2010—2014 年期间作者合作网络的桥梁枢纽人物,掌握了田径运动研究比较多的研究资源,控制着大多数作者之间的信息交流;苑廷刚和王鹏的中间中心性的值也较高,说明这些作者也具备一定的控制资源的能力;其他作者的中间中心性都不高,说明他们基本不具备控制资源的能力。

表 4.23　2010—2014 年国内田径运动科技文献中心性排名前 10 位作者

作者	点度中心性	作者	中间中心性	作者	接近中心性
严波涛	25.000	李厚林	8.949	李厚林	5.812
许崇高	25.000	苑廷刚	3.325	苑廷刚	5.765
李厚林	21.000	王　鹏	1.642	王　鹏	5.765
苏明理	20.000	严波涛	0.965	严波涛	5.754
韩　敬	19.000	许崇高	0.965	许崇高	5.754
胡　好	18.000	韩　敬	0.390	韩　敬	5.743
张　勇	17.000	苏明理	0.390	苏明理	5.743
王　林	14.000	胡　好	0.304	胡　好	4.538
翟波宇	12.000	王　林	0.304	王　林	4.538
骆学锋	10.000	詹建国	0.304	詹建国	4.538

如表4.23所示,各节点接近中心性都比较平均,都在3~6之间,平均值为4.940。根据网络图可以看出,作者合作网络不是一个完整的相连图,即每个节点不可能达到所有节点。

④ 2010—2014年国内田径运动科技文献作者合作网络块模型分析

本节同样通过 Ucinet 软件中的 CONCOR 程序进行,具体操作过程是 Network Roles and Position Structural CONCOR,分析结果如图4.23所示。图4.23中国内田径运动研究作者合作群体主要分为8块:群体①是以严波涛、李厚林、许崇高等为代表的8位作者;群体②是以郑富强、李爱东、苑廷刚为代表的3位作者;群体③是以李玉章、余长青为代表的2位作者;群体④是以刘大庆、王卫星、张英波等为代表的8位作者;群体⑤是以詹建国、戴兴鸿、张雨为代表的3位作者;群体⑥是以杜少武、刘生杰、蒋国勤等为代表的4位作者。

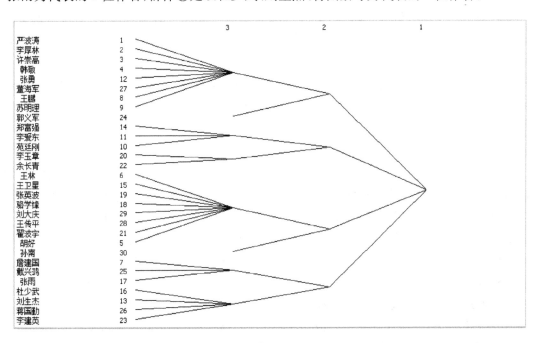

图4.23 2010—2014年国内田径运动科技文献作者合作网络树形图

通过 Ucinet 统计高产作者合作网络的密度矩阵,统计结果发现,群体之间对角线的值按照大小排列为3(3)>1(2.393)>4(2)>5(1.464)>7(1.333)>8(0.167)2,6(0),群体③对角线的值最大,意味着群体③之间知识流动相对流畅,交流比较活跃;然而群体②和群体⑥为都为0,说明他们之间根本没有合作交流,更谈不上专业领域的对话。整个网络的密度值经过计算为0.3057,将大于0.3057的值改为1,小于0.3057的值改为0,得到像矩阵,分析得到的完全是一个对角线矩阵。2010—2014年期间国内田径运动研究高产群体合作网络分为8个子群,除了群体②、群体⑥以外,其他6个群体内部之间合作现象比较活跃;群体③和群体④外部之间存在合作交流。

4.2.3 小结

本节是按照三个时间段1998—2003年、2004—2009年、2010—2014年,从国家/地区共现网络、机构共现网络、作者共现网络三个方面分别对国内外田径运动科技文献进行分析,结果如下。

1) 国外部分

美国是田径运动研究领域最活跃的国家,它的发文量在三个阶段都是排在第一位,它是国外田径运动研究的中心;以英语为母语的国家具有得天独厚的语言优势,例如澳大利亚、加拿大和英国。从国家共现网络来看,网络密度都较低,国家之间合作交流较少;在第三阶段,一些非英语母语国家,田径运动研究发文量逐年增多,占据着一席之地,对田径运动研究的发展也起着一定的促进作用。高校是国外田径运动研究的主要阵地,美国科研机构约占总高产科研机构的一半,可以看出美国科研机构的霸主地位;国外科研机构合作交流较少,交流合作主要集中在国家内部之间;科研机构共现网络密度较低;澳大利亚运动研究所是唯一一所非高校高产科研机构,它的发文量在后两个阶段排在第一,它在国外田径运动研究中的作用不言而喻。Noakes T D、George Keith、Beat Knechtle 分别是三个阶段的高产作者,他们是田径运动研究中的核心作者;作者共现网络密度一般,作者之间存在一定的合作与交流;高产作者的点度中心性较高,然而他们的中间中心性却不高,不具备较好的控制资源的能力。从块模型来看,国外田径运动研究高产作者之间的内部合作和外部交流是越来越好。

2) 国内部分

高校亦是国内田径运动研究的主要阵地,其中北京体育大学及其田径教研室的发文量最高;科研机构共现网络密度较低,各科研机构之间合作交流较少。骆建、谢慧松和李建英、严波涛分别为三个阶段排在第一的高产作者,他们是国内田径运动研究各阶段的领军人物;王倩、李汀、苑廷刚、李爱东和严波涛的点度中心性较高,说明他们与其他作者的知识交流较为频繁。从块模型来看,高产作者内部合作和外部合作是越来越少。

3) 差异

从研究力量来看,国外参与田径运动研究国家较多,而国内没有其他国家参与;高校是国内外田径运动研究的主要阵地;国外田径运动研究高产作者之间的内部合作和外部交流越来越好,而国内高产作者之间的内外部合作交流越来越差。

4.3 田径运动科技文献的知识客体图谱分析

田径运动科技文献知识客体是指以参与田径运动研究的被引期刊、被引文献和被引作者为节点,以其共被引关系为纽带形成的网络结构。按照科学计量学的观点,其实质是期刊共被引网络、文献共被引网络和作者共被引网络。本章内容同样是按照时间动态的顺序,将时间分成三个阶段,分别从期刊、文献和被引作者三个方面进行分析。

4.3.1 国外田径运动科技文献的知识客体图谱分析

1) 国外田径运动科技文献期刊共被引网络分析

期刊共被引(Journal Co-citation Analysis,JCA)是以期刊为节点,通过两种学术期刊的文献被其他学术期刊同时引用的频率来分析期刊之间的关系。通过期刊之间的相互引用可以说明学科、领域或专业之间知识的流动,使人们更好地理解和解释学科、领域或专业的亲缘关系。田径运动学术期刊之间相互引用形成了复杂的引证网络,该网络在一定程度上能够反映田径运动研究的学术思想、科技文献的流动等。在田径运动研究领域,如果学者能够在高水平的学术期刊上发表论文,那么他的科技文献就会在更广阔的平台得到传播和流传。学术期刊作为学术成果的载体在学术交流过程中的作用日益重要,它以一种独特的方式促进了田径运动研究知识的演进和发展。

本节主要进行三个方面的工作:首先,构建田径运动科技文献的期刊共被引网络,探寻其高频的、具有影响力的学术期刊,并对个别具有影响力的学术期刊进行具体分析;其次,对田径运动科技文献的中心性进行分析,主要包括点度中心性、中间中心性和接近中心性三个方面;最后,对田径运动科技文献期刊共被引网络进行块模型分析。

(1) 1998—2003 年国外田径运动科技文献期刊共被引网络分析

打开 Citespace Ⅲ 软件,将下载的 1998—2003 年的文献信息数据导入到 Citespace 软件中,将网络节点选择为"Cited Journals"。参数设置:时区分割(Time Slicing)设置为 1998—2003,时间切片(Years Per Slice)为 1 年;阈值设置为(15,10,25)、(15,10,25)、(15,10,25),表示被引期刊满足出现次数大于 15、共现次数大于 10、词间相似系数大于 0.25 这三个条件,点击"运行"开始分析,最后通过可视化的功能生成期刊共被引网络图谱(见图 4.24)。如图 4.24 所示,共有节点 79 个,连线 401 条,可以看出网络节点之间连线比较密切,学术期刊之间知识流动也比较畅通。网络密度表示的是节点之间关联的紧密程度,在期刊共被引网络中,网络密度越大,说明期刊之间的联系越密切,研究越接近。通过 Citespace 计算出来的网络密度为 0.114 9,表明共被引网络比较密切。

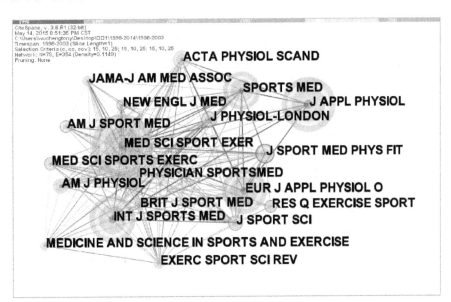

图 4.24　1998—2003 年国外田径运动科技文献期刊共被引网络图

① 1998—2003 年国外田径运动科技文献高被引期刊频次分析

本文采用高被引频次的高低来确定国外田径运动研究的高影响力期刊。限于篇幅,本文在数据库中选取排名前 20 位的高被引期刊,如表 4.24 所示。在这一阶段,高被引期刊排名前 5 的是:J APPL PHYSIO,MED SCI SPORT EXER,INT J SPORTS MED,EUR J

APPL PHYSIOL O,SPORTS MED。可以看出这些学术期刊承担着国外田径运动研究的知识来源期刊的主要角色,它们刊载的知识与田径运动密不可分,已引起领域内学者的高度关注。

其中 J APPL PHYSIO 排在第一,该期刊发表的论文涉及不同领域,尤其是在自适应和综合机制方面;研究主要是以生理学为基础,逐步扩展到药理和生化等方面。

表 4.24 1998—2003 年国外田径运动科技文献前 20 位高被引期刊

期刊	被引频次	期刊	被引频次
J APPL PHYSIOL(JAP)	5 292	J SPORT SCI(JSS)	490
MED SCI SPORT EXER(MSSE)	5 285	J BIOMECH(JB)	465
INT J SPORTS MED(IJSM)	2 946	J AM MED ASSOC(JAMA)	420
EUR J APPL PHYSIOL O(EJPO)	2 945	PHYSICIAN SPORTS MED(PPM)	396
SPORTS MED(SM)	1 544	AM J CLIN NUTR(CAN)	393
AM J SPORT MED(AJSM)	910	RES Q EXERCISE SPORT(RQS)	378
ACTA PHYSIOL SCAND(APS)	692	INT J SPORT NUTR(IJSN)	332
J PHYSIOL-LONDON(JPL)	650	CIRCULATION	330
AM J PHYSIOL(ALP)	577	NEW ENGL J MED(NEJM)	328
J SPORT MED PHYS FIT(JSMP)	555	J CLIN ENDOCR METAB(JCEM)	326

② 1998—2003 年国外田径运动科技文献高被引期刊中心性分析

限于篇幅,本文仅列出中心性排名前 10 位的学术期刊(见表 4.25)。如表 4.25 所示,MED SCI SPORT EXER 点度中心性最高,点度中心性达到 13.629,J APPL PHYSIOL 的点度中心性也达到 12.758。这两个期刊的被引频次也排在前两位,说明它们处在田径运动

表 4.25 1998—2003 年国外田径运动科技文献中心性排名前 10 位高被引期刊

期刊	点度中心性	期刊	中间中心性	期刊	接近中心性
MSSE	13.629	JAP	0.009	JAP	100
JAP	12.758	MSSE	0.009	MSSE	100
EJSM	8.837	IJSM	0.009	IJSM	100
IJSM	8.390	EJSM	0.009	EJSM	100
SM	4.353	SM	0.009	SM	100
APS	2.165	AJSM	0.009	AJSM	100
JPL	1.673	APS	0.009	APS	100
JSMP	1.667	JPL	0.009	JPL	100
ALP	1.548	ALP	0.009	ALP	100
JSS	1.504	JSMP	0.009	JSMP	100

研究领域最核心的位置,其他期刊的点度中心性都达到1.500以上,说明它们是这一阶段国外田径运动研究领域的核心期刊,均处于核心位置。AM J SPORT MED 期刊的被引频次排在第6,然而在点度中心性榜单却没有它的名字,这说明期刊被引频次高不一定就表明它的点度中心性高。

如表 4.25 所示,中间中心性排名前 10 位期刊的中间中心性均为 0.009,中间中心性比较低,说明它们在整个网络中不具备较强控制资源的能力,在学术知识的交流过程中不能起着一定的桥梁和中介作用。接近中心性排名前 10 位的期刊,它们的接近中心性均为 100,说明它们与其他期刊距离较近,同时掌握学术知识的流通方向。

③ 1998—2003 年国外田径运动科技文献期刊共被引网络块模型分析

通过 Ucinet 软件中的 CONCOR 程序进行,具体操作过程是 Network Roles and position Structural CONCOR 分析,结果如图 4.25 所示,国外田径运动研究期刊群体主要分为 6 块:群体①是以 J APPL PHYSIOL,MED SCI SPORT EXER,INT J SPORTS MED,EUR J APPL PHYSIOL O,SPORTS MED 等为代表的期刊群,是 6 个群中最大的群,可以说是这 6 个群中影响力最大的群;群体②是以 ACTA PHYSIOL SCAND,J PHYSIOL-LONDON,AM J PHYSIOL 为代表的期刊群;群体③是以 J BIOMECH,ARCH PHYS MED REHAB 为代表的期刊群;群体④是以 J AM MED ASSOC,PHYSICIAN SPORTSMED,AM J CLIN NUTR 等为代表的期刊群,成员由 6 个期刊组成,是第二大期刊群;群体⑤就一个 AM J SPORT MED 期刊;群体⑥是 J BONE JOINT SURG AM 和 CLIN ORTHOP RELAT R 两个期刊。

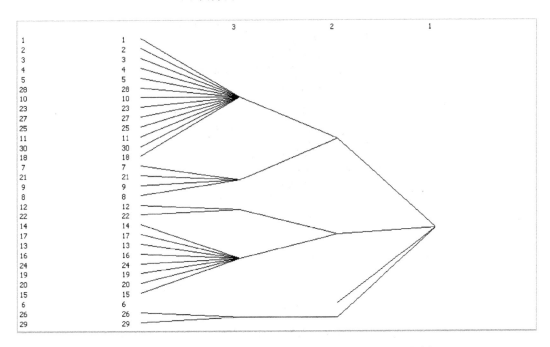

图 4.25 1998—2003 年国外田径运动科技文献期刊共被引网络树形图

通过 Ucinet 统计高被引期刊网络密度矩阵,结果发现,群体之间对角线的值按照大小排列为 1(2 722.885)>6(1 273)>2(489.333)>4(421.5)>3(130)>5(0),群体①对角线的值最大,达到 2 722.885;群体⑥次之,对角线值也达到 1 273,意味着群体①和群体⑥之间的知识流动流畅,交流比较活跃;相比较,群体⑤的对角线值为 0,说明它们之间不存在合作交流,没有专业领域的对话。

整个网络的密度值经过计算为 783.165 5,将大于 783.165 5 的值改为 1,小于 783.165 5 的值改为 0,得到像矩阵,分析得到的完全是一个对角线矩阵。1998—2003 年期间国外田径运动研究高频次期刊共被引网络分为 6 个子群,群体①和⑥内部共引强度较高,而各个子群内部之间基本上不互相联系;群体①与群体⑥之间存在共被引,其他群体之间不存在共被引。

(2) 2004—2009 年国外田径运动科技文献期刊共被引网络分析

打开 CitespaceⅢ 软件,将下载的 2004—2009 年的文献信息数据导入到 CitespaceⅢ 软件中,同样将网络节点选择为"Cited Journals"。参数设置:时区分割(Time Slicing)设置为 2004—2009,时间切片(Years Per Slice)为 1 年;阈值设置(15,15,35)、(15,15,35)、(15,15,35),表示被引期刊满足出现次数大于 15,共现次数大于 15,词间相似系数大于 0.35 这三个条件,点击"运行"开始分析,最后通过可视化的功能生成期刊共被引网络图谱(见图 4.26)。如图 4.26 所示,共有节点 144 个,连线 274 条,可以看出网络节点之间连线比较密切,学术期刊之间知识流动也比较畅通。通过 CitespaceⅢ 计算出来的网络密度为 0.114 9,网络密度较高,表明期刊之间联系比较紧密。

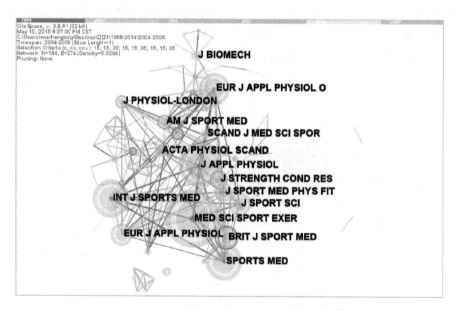

图 4.26　2004—2009 年国外田径运动研究期刊共被引网络图

① 2004—2009 年国外田径运动科技文献期刊高被引期刊频次分析

如表 4.26 所示。在这一阶段,高被引期刊排名前 5 的是 MED SCI SPORT EXER,J APPL PHYSIOL,INT J SPORTS MED,SPORTS MED,EUR J APPL PHYSIOL O。可以看出,这些学术期刊承担着 2004—2009 这一阶段国外田径运动研究的知识来源期刊的主要角色,它们刊载的知识与田径运动密不可分,已引起领域内学者的高度关注。MED SCI SPORT EXER(简称 MSSE)是美国国内领先的多学科原始研究杂志成员之一,每一个主题都反映了研究的独创性,MSSE 当前研究主题主要包括体育医学实践、生理学、流行病学、生物力学、体育健身及运动能力等。

表 4.26 2004—2009 年国外田径运动科技文献前 20 位高被引期刊

期刊	被引频次	期刊	被引频次
MED SCI SPORT EXER(MSSE)	8 710	J SPORT MED PHYS FIT(JSMPF)	1 264
J APPL PHYSIOL(JAP)	6 610	J PHYSIOL-LONDON(JPL)	1 099
INT J SPORTS MED(IJSM)	3 610	J BIOMECH(JB)	982
SPORTS MED(SM)	2 889	ACTA PHYSIOL SCAND(APS)	827
EUR J APPL PHYSIOL O(EJPO)	2 711	CLIN J SPORT MED(CSM)	762
AM J SPORT MED(AJSM)	2 311	SCAND J MED SCI SPOR(SJSS)	628
J STRENGTH COND RES(JSCR)	2 298	RES Q EXERCISE SPORT(RQES)	587
J SPORT SCI(JSS)	1 775	CIRCULATION	547
BRIT J SPORT MED(BJSM)	1 610	J AM MED ASSOC(JAMA)	543
NEW ENGL J MED(NEJM)	1 557	AM J CLIN NUTR(AJCN)	518

② 2004—2009 年国外田径运动科技文献高被引期刊中心性分析

由表 4.27 可知，MED SCI SPORT EXER 点度中心性最高，点度中心性达到 17.100，J APPL PHYSIOL O 的点度中心性也达到 13.514，这两个期刊的被引频次也排在前两位，这说明它们处在田径运动研究领域最核心的位置，这与第一阶段相吻合；其他期刊的点度中心性都达到 3.638 以上，说明它们是这一阶段国外田径运动研究领域的核心期刊，均处于核心位置；可以看出，高频次被引期刊的点度中心性也比较高。

表 4.27 2004—2009 年国外田径运动科技文献中心性排名前 10 位高被引期刊

期刊	点度中心性	期刊	中间中心性	期刊	接近中心性
MSSE	17.100	MSSE	0	MSSE	100
JAP	13.514	JAP	0	JAP	100
IJSM	8.514	IJSM	0	IJSM	100
EJPO	6.724	SM	0	SM	100
SM	6.680	EJPO	0	EJPO	100
AJSM	4.130	AJSM	0	AJSM	100
EJAP	3.792	JSCR	0	JSCR	100
JSCR	3.760	JSS	0	JSS	100
BJSM	3.721	BJSM	0	BJSM	100
JSS	3.638	EJAP	0	EJAP	100

中间中心性排名前 10 期刊的中间中心性均为 0，中间中心性相当低，说明它们在整个网络完全不具备较强控制资源的能力，在学术知识的交流过程中没有起到一定的桥梁和中

介作用。接近中心性排名前10位的期刊,它们的接近中心性均为100,说明它们与其他期刊距离较近,同时掌握学术知识的流通方向。

③ 2004—2009年国外田径运动科技文献高被引期刊块模型分析

同样通过Ucinet软件中的CONCOR程序进行,具体操作过程是Network Roles and position Structural CONCOR,分析结果如图4.27所示。

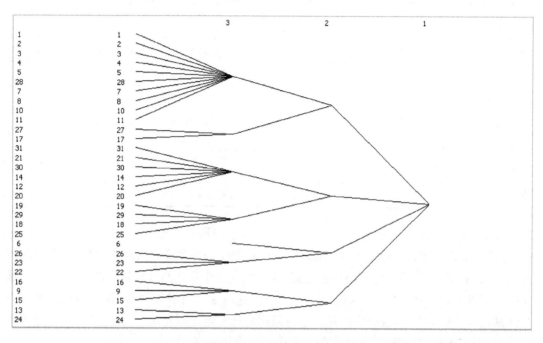

图4.27　2004—2009年国外田径运动研究期刊共被引网络树形图

如图4.27所示,2004—2009年国外田径运动研究期刊群体主要分为8块:群体①是以MED SCI SPORT EXER,J APPL PHYSIOL,INT J SPORTS MED,SPORTS MED,EUR J APPL PHYSIOL O为代表的期刊群,是8个群中最大的群,成员包括10个期刊,可以说是这8个期刊群中影响力最大的群;群体②是以RES Q EXERCISE SPORT,J APPL BIOMECHL为代表的期刊群;群体③是以J PHYSIOL-LONDON,ACTA PHYSIOL SCAND,AM J CLIN NUTR为代表的期刊群;群体④是以CIRCULATION,J AM MED ASSOC为代表的期刊群,成员由6个期刊组成,是第二大期刊群;群体⑤就一个AM J SPORT MED期刊;群体⑥是J ORTHOP SPORT PHYS,J BONE JOINT SURG AM两个期刊;群体⑦是以CLIN J SPORT MED,SCAND J MED SCI SPOR为代表的期刊群;群体⑧是以J BIOMECH,ARCH PHYS MED REHAB为代表的期刊群。

通过Ucinet软件统计高被引期刊网络密度矩阵,结果发现,群体之间对角线的值按照大小排列为1(6 317.31)＞7(1 111.66)＞4(584.16)＞6(501.66)＞3(490.40)＞8(147.00)＞2(107.00)＞5(0),群体①对角线的值最大,达到6 317.31;群体⑦次之,对角线值也达到1 111.66,意味着群体①和群体⑦之间的知识流动流畅,交流比较活跃;相比较,群体⑤的对角线值为0,说明它们之间不存在合作交流,没有专业领域的对话。通过Ucinet计算整个网络的密度值为1 048.97,将大于1 048.97的值改为1,小于1 048.97的值改为0,得到像矩阵,分析得到的完全是一个对角线矩阵。2004—2009年期间国外田径运动研究高频次期刊共被引网络分为8个子群,群体①和⑦内部共引强度较高,而各个子群内部之间基本上不存在联系;群体①与群体③之间,群体⑤与群体①、群体⑥、群体⑦和群体⑧存在共被引,可以看出群体⑤在8个群体里居于核心位置,其他群体之间不存在共被引。

(3) 2010—2014年国外田径运动科技文献期刊共被引网络分析

打开CitespaceⅢ软件,将下载的2010—2014年的文献信息数据导入到CitespaceⅢ软件中,同样将网络节点选择为"Cited Journals"。参数设置:时区分割(Time Slicing)设置为2010—2014,时间切片(Years Per Slice)为1年;阈值设置(25,15,30)、(25,15,30)、(25,15,30),表示被引期刊满足出现次数大于25、共现次数大于15次、词间相似系数大于0.30这三个条件,点击"运行"开始分析,最后通过可视化的功能生成期刊共被引网络图谱(见图4.28)。

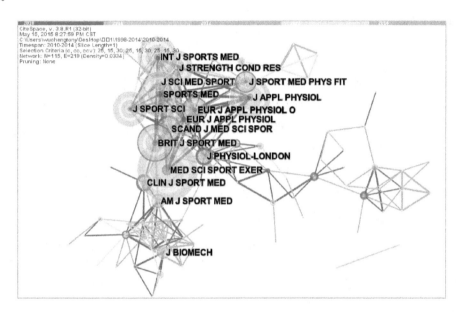

图4.28 2010—2014年国外田径运动科技文献期刊共被引网络图

如图4.28所示,共有节点115个,连线219条,可以看出网络节点之间连线比较密切,学术期刊之间知识流动也比较畅通。通过CitespaceⅢ计算出来的网络密度为0.0334,网络密度比前两个阶段低,可以看出,期刊之间联系越来越不紧密。

① 2010—2014年国外田径运动科技文献高被引期刊频次分析

如表4.28所示,在这一阶段,高被引期刊排名前5的是MED SCI SPORT EXER,J STRENGTH COND RES,J APPL PHYSIOL,SPORTS MED,INT J SPORTS MED。可以看出,这些学术期刊承担着2010—2014年这一阶段国外田径运动研究的知识来源期刊的主要角色,它们刊载的知识与田径运动密不可分,已引起领域内学者的高度关注。MED SCI SPORT EXER期刊在三个阶段都是排在第一位,可以看出此期刊在田径运动研究中的重要地位。J STRENGTH COND RES跃居第二位,是一本关于最新力量和体能训练的杂志,它的独特之处在于它采用最新的力量和体能训练,在体育运动中应用最新成果,有助于力量或体能训练等领域专家学者的了解和交流。

表 4.28　2010—2014 年国外田径运动科技文献前 20 位高被引期刊

期刊	被引频次	期刊	被引频次
MED SCI SPORT EXER(MSSE)	10 868	SCAND J MED SCI SPORT(SJMSS)	1 709
J STRENGTH COND RES(JSCR)	7 995	J BIOMECH(JB)	1 567
J APPL PHYSIOL(JAP)	6 705	J SPORT MED PHYS FIT(JSMPF)	1 446
SPORTS MED(SM)	4 336	J PHYSIOL-LONDON(JPL)	1 398
INT J SPORTS MED(IJSM)	4 286	CLIN J SPORT MED(CJSM)	1 341
BRIT J SPORT MED(BJSM)	3 785	J SCI MED SPORT(JSMS)	1 160
J SPORT SCI(JPS)	3 656	J ATHL TRAINING(JAT)	931
EUR J APPL PHYSI OL(EJAP)	3 574	INT J SPORT NUTR EXE(IJSNE)	765
AM J SPORT MED(AJSM)	3 263	J ORTHOP SPORT PHYS(JOSP)	742
J SPORT SCI (JSS)	2 157	CLIN BIOMECH(CB)	691

② 2010—2014 国外田径运动科技文献高被引期刊中心性分析

由表 4.29 可知，MED SCI SPORT EXER 点度中心性最高，点度中心性达到 22.985，J STRENGTH CONRES 的点度中心性也达到 15.214，这两个期刊的被引频次也排在前两位，这说明它们在田径运动研究领域最核心的位置，这与第一阶段、第二阶段相吻合；其他期刊的点度中心性都达到 5.841 以上，点度中心性比第一阶段和第二阶段高；中心性排名前 10 位的期刊是这一阶段国外田径运动研究领域的核心期刊，均处于核心位置。结合表 4.29，可以看出，高频次被引期刊的点度中心性也比较高。

表 4.29　2010—2014 年国外田径运动科技文献中心性排名前 10 位高被引期刊

期刊	点度中心性	期刊	中间中心性	期刊	接近中心性
MSSE	22.985	MSSE	0	MSSE	100
JSCR	15.214	JSCR	0	JSCR	100
JAP	15.008	JAP	0	JAP	100
SM	10.867	SM	0	SM	100
IJSM	10.381	IJSM	0	IJSM	100
EJAP	9.312	BJSM	0	BJSM	100
JPS	8.587	JPS	0	JPS	100
BJSM	8.438	EJAP	0	EJAP	100
AJSM	5.949	AJSM	0	AJSM	100
EJAP	5.841	EJAP	0	EJAP	100

中间中心性排名前 10 位的期刊的中间中心性均为 0，它们在整个网络完全不具备较强控制资源的能力，在学术知识的交流过程中也没有起到一定的桥梁和中介作用。接近中心

性排名前10位的期刊,它们的接近中心性均为100,说明它们与其他期刊距离较近,同时掌握学术知识的流通方向。

④ 2010—2014年国外田径运动科技文献高被引期刊网络块模型分析

同样通过Ucinet软件中的CONCOR程序进行,具体操作过程是Network Roles and position Structural CONCOR,分析结果见图4.29。如图4.29所示,2010—2014年国外田径运动研究期刊群体主要分为8块:群体①是以MED SCI SPORT EXER,J APPL PHYSIOL,INT J SPORTS MED,EUR J APPL PHYSIOL O为代表的期刊群;群体②是以J PHYSIOL-LONDON,INT J SPORT NUTR EXE为代表的期刊群;群体③是以J STRENGTH COND RES,J SPORT SCI,J SPORT MED PHYS FIT为代表的期刊群;群体④是以SPORTS MED,BRIT J SPORT MED为代表的期刊群,成员由8个期刊组成,是第一大期刊群,是影响力最大的期刊群;群体⑤是由AM J SPORT MED,J BONE JOINT SURG AM组成的期刊群;群体⑥是J ORTHOP SPORT PHYS,J ATHL TRAINING,CLIN BIOMECH组成的期刊群;群体⑦是以J BIOMECH,CLIN BIOMECH为代表的期刊群;群体⑧是以CLIN J SPORT MED为代表的期刊群,成员就1个期刊,是最小的期刊群。

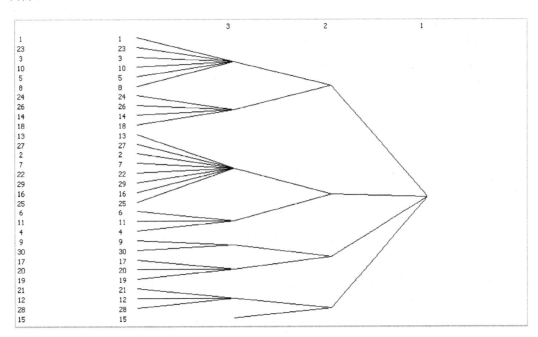

图4.29 2010—2014年国外田径运动科技文献期刊共被引网络树形图

通过Ucinet软件统计高被引期刊网络密度矩阵,结果发现,群体之间对角线的值按照大小排列为1(10 421.06)＞4(4 650.33)＞5(3 842)＞3(1 831.67)＞6(855.66)＞7(455)＞2(351.66)＞8(0),群体①对角线的值最大,达到10 421.06;群体④次之,对角线值也达到4 650.33,意味着群体①和群体④之间的知识流动流畅,交流比较活跃;相比较,群体⑧的对角线值为0,说明它们之间不存在合作交流,没有专业领域的对话。通过Ucinet计算整个网络的密度值为1 846.02,将大于1 846.02的值改为1,小于1 846.02改为0,得到像矩阵,分析得到的完全是一个对角线矩阵。2010—2014年期间国外田径运动研究高频次期刊共被引网络分为8个子群,群体①、群体④和群体⑤内部共引强度较高,而其他群体内部之间基本上不存在联系;从外部看,群体①分别与群体②、群体③、群体④和群体⑧存在着外部联系,群体⑧分别与群体⑤和群体⑥存在着外部联系,可以看出,群体①和群体⑧在期刊共被引网络中占有重要地位。

2) 国外田径运动科技文献的文献共被引网络分析

引文分析考察的是引用,这是衡量学术影响力最关键的指标之一。引文分析在绘制科学图谱的历史上具有特别重要的位置,多种引文分析的方法都得到了广泛应用,它们被用来提取科学文献的引文模式,而这些引用模式可以洞察出一个无形学院的知识结构。历史上,科学哲学和科学社会学知识对引文分析产生了重要影响。在实践过程中,研究者一直在寻找一个包括共词分析和共被引分析的综合研究框架。文献共被引分析(Document Co-Citation Analysis,DCA)就是其中应用最多的主要分析方法之一。文献共被引是指两篇及以上的文献同时被后来的一篇或者多篇文献所引用,则称该现象为"文献共被引"。科学文献具有积累性、连续性和传承性的特点,使得科学文献之间相互引用成为一种科学发展的必然规律。

本节主要进行三个方面的工作:首先,构建田径运动研究成果的文献共被引网络,探寻其高频的、具有影响力的文献,并对个别具有影响力的文献进行具体分析;其次,对田径运动研究文献的中心性进行分析,包括点度中心性、中间中心性和接近中心性三个方面;最后,对田径运动科技文献的文献共被引网络块模型进行分析。

(1) 1998—2003年国外田径运动科技文献的文献共被引网络分析

打开CitespaceⅢ软件,将下载的1998—2003年的文献信息数据导入到CitespaceⅢ软件中,将网络节点选择为"Cited References"。参数设置:时区分割(Time Slicing)设置为1998—2003,时间切片(Years Per Slice)为1年;阈值设置(5,3,25)、(5,3,25)、(5,3,25),表示被引文献满足出现次数大于5、共现次数大于3、词间相似系数大于0.25这三个条件,点击"运行"开始分析,最后通过可视化的功能生成文献共被引网络图谱(见图4.30)。如图4.30所示,共有节点201个,连线560条,可以看出网络节点之间连线比较密切,学术文献之间知识流动也比较畅通。网络密度表示的是节点之间关联的紧密程度,在文献共被引网络中,网络密度越大,说明文献之间的联系越密切,研究越接近。通过CitespaceⅢ计算出来的网络密度为0.027 9。

① 1998—2003年国外田径运动科技文献高被引文献频次分析

如表4.30所示,在这一阶段,被引文献排名第一位的是1974年Dill DB发表在J APPL PHYSIOL期刊上的一篇文章,被引频次达到78次,主要是研究6位成年男子跑步前后血浆容量变化和红细胞百分比的变化。排在第二至第五的分别是1980年Conley DL发表在MED SCI SPORT EXER的文献、1988年Medbo JI发表在J APPL PHYSIOL的文献、1979年Farrell PA发表在MED SCI SPORT EXER的文献、1982年Borg Gav发表在MED SCI SPORT EXER的文献。可以看出,这些文献承担着1998—2003年这一阶段国外田径运动研究的知识基础的主要角色,它们承载的知识与田径运动密不可分,已引起领域内学者的高度关注。

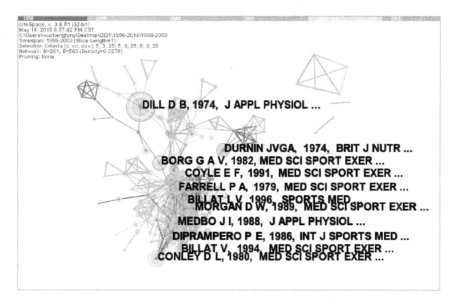

图 4.30　1998—2003 年国外田径运动科技文献的文献共被引网络图

表 4.30　1998—2003 年国外田径运动科技文献前 20 位高被引文献

文献	被引频次	文献	被引频次
Dill D B, 1974, J APPL PHYSIOL	78	Coyle E F, 1991, MED SCI SPORT EXER	34
Conley D L, 1980, MED SCI SPORT EXER	48	Beaver W L, 1986, J APPL PHYSIOL	31
Medbo J I, 1988, J APPL PHYSIOL	42	Noakes T D, 1990, J SPORT SCI V8,	31
Arrell P A, 1979, MED SCI SPORT EXER	41	Costill D L, 1973, MED SCI SPORT EXER	30
Borg Gav, 1982, MED SCI SPORT EXER	39	Coyle E F, 1988, J APPL PHYSIOL	30
Durnin Jvga, 1974, BRIT J NUTR	39	Jackson A S, 1978, BRIT J NUTR	30
Billat L V, 1996, SPORTS MED	38	Holloszy J O, 1984, J APPL PHYSIOL	28
Morgan D W, 1989, MED SCI SPORT EXER	38	Sjodin B, 1981, INT J SPORTS MED	28
Diprampero P E, 1986, INT J SPORTS MED	36	Komi P V, 1978, MED SCI SPORT EXER	27
Billat V, 1994, MED SCI SPORT EXER	34	Noakes T D, 1988, MED SCI SPORT EXER	27

② 1998—2003 年国外田径运动科技文献高被引文献中心性分析

由表 4.31 可知,"Morgan D W,1989,MED SCI SPORT EXER V21,P78"点度中心性最高,点度中心性达到 25.690,这说明他们处在田径运动研究领域最核心的位置。本研究的目的是通过测量训练有素的运动员的 10 km 运动能力来预测运动员的最大摄氧量速度,结果发现,10 km 的跑步时间和最大摄氧量在一定程度上主要是由跑步经济来调节。其他文献的点度中心性都达到 15.000 以上;中心性排名前 10 的被引文献,说明它们是这一阶段国外田径运动研究领域的核心被引文献,均处于核心位置。结合表 4.31 可以看出,高频次被引文献的点度中心性不一定高。

中间中心性最高的被引文献是"Conley D L, 1980, MED SCI SPORT EXER",这与它的点度中心性相吻合,说明它在整个网络具备较强控制资源的能力,在学术知识的交流过程中起着桥梁和中介作用。接近中心性排名前10位的期刊,它们的接近中心性均接近100,说明它们与其他被引文献的距离较近,同时掌握学术知识的流通方向。

表 4.31　1998—2003 年国外田径运动科技文献中心性排名前 5 位高被引文献

文献	点度中心性	文献	中间中心性	文献	接近中心性
Morgan D W, 1989, MED SCI SPORT EXER	25.690	Conley D L, 1980, MED SCI SPORT EXER	5.053	Billat V, 1994, MED SCI SPORT EXER	90.625
Conley D L, 1980, MED SCI SPORT EXER	24.655	Holloszy J O, 1984, J APPL PHYSIOL	3.312	Conley D L, 1980, MED SCI SPORT EXER	90.625
Farrell P A, 1979, MED SCI SPORT EXER	22.241	Billat L V, 1996, SPORTS MED	2.939	Coyle E F, 1991, MED SCI SPORT EXER	90.625
Billat L V, 1996, SPORTS MED	22.069	Coyle E F, 1991, MED SCI SPORT EXER	2.130	Costill D L, 1973, MED SCI SPORT EXER	87.879
Noakes T D, 1990, J SPORT SCI	21.207	Sjodin B, 1981, INT J SPORTS	1.561	Farrell P A, 1979, MED SCI SPORT EXER	85.294

③ 1998—2003 年国外田径运动科技文献的文献共被引网络块模型分析

通过 Ucinet 软件中的 CONCOR 程序进行分析,结果如图 4.31 所示,1998—2003 年国外田径运动研究文献知识群体主要分为 7 块:群体①是以 Dill D B, 1974, J APPL PHYSIOL , V37, P247;Borg Gav, 1982, MED SCI SPORT EXER V14, P377;Jackson A S, 1978, BRIT J NUTR V40, P497 为代表的文献群。群体②是以 Coyle E F, 1986, J APPL PHYSIOL, V61, P165;Kuipers H, 1988, SPORTS MED, V6, P79;Costill D L, 1988, MED SCI SPORT EXER, V20, P249 为代表的文献群。群体③是以 Komi P V, 1978, MED SCI SPORT EXER V10, P261;Bosco C, 1983, EUR J APPL PHYSIOL O, V50, P273 为代表的文献群。群体④是以 Conley D L, 1980, MED SCI SPORT EXER, V12, P357;Morgan D W, 1989, MED SCI SPORT EXER V21, P78 为代表的文献群,成员由 6 个期刊组成,是第二大文献群。群体⑤是由 Medbo J I, 1988, J APPL PHYSIOL, V64, P50;Billat L V, 1996, SPORTS MED V22, P90 组成的文献群。群体⑥是由 Farrell P A, 1979, MED SCI SPORT EXER,V11, P338;Beaver W L, 1986, J APPL PHYSIOL V60, P2020;Coyle E F, 1988, J APPL PHYSIOL V64, P2622 组成的文献群,成员 7 个,是最大的文献群。群体⑦是以 Durnin Jvga, 1974, BRIT J NUTR V32, P77;Costill D L, 1973, MED SCI SPORT EXER V5, P248 为代表的文献群。

通过 Ucinet 软件统计高被引文献网络密度矩阵,结果发现,群体之间对角线的值按照大小排列为 5(8.70)>4(7.067)>6(6.81)>1(6)>2(3.667)>3,7(2.667)>2(351.66),群体⑤对角线的值最大,达到 8.70;群体④次之,对角线值也达到 7.067,意味着群体⑤和群体④之间的知识流动相对比较流畅,交流比较活跃;其他群体对角线值都在 2.667 以上,说明

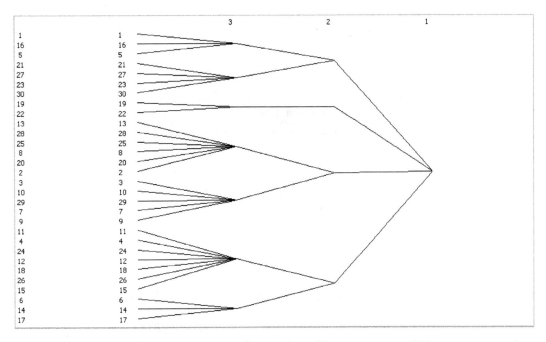

图 4.31　1998—2003 年国外田径运动科技文献共被引网络树形图

他们之间也存在合作交流,存在专业领域的对话。通过 Ucinet 计算整个网络的密度值为 2.390,将大于 2.390 的值改为 1,小于 2.390 的值改为 0,得到像矩阵,分析得到的是一个对角线矩阵。1998—2003 年期间国外田径运动研究高频次文献共被引网络分为 7 个群体,7 个群体的共引强度都较高,群体内部之间都存在联系;从外部看,群体④分别与群体⑤、群体⑥、群体⑦存在着外部联系,群体⑥与群体⑦也存在着外部联系,可以看出,群体④在文献共被引网络中占据着重要地位。

(2) 2004—2009 年国外田径运动科技文献的文献共被引网络分析

打开 CitespaceⅢ 软件,将下载的 2004—2009 年的文献信息数据导入到 CitespaceⅢ 软件中,将网络节点选择为"Cited References"。参数设置:时区分割(Time Slicing)设置为 2004—2009,时间切片(Years Per Slice)为 1 年;阈值设置(6,5,25)、(6,5,25)、(6,5,25),表示被引文献满足出现次数大于 6、共现次数大于 5、词间相似系数大于 0.25 这三个条件,点击"运行"开始分析,最后通过可视化的功能生成文献共被引网络图谱(见图 4.32)。如图 4.32 所示,共有节点 265 个,连线 829 条,可以看出网络节点之间连线比较密切,文献之间知识流动也比较畅通。网络密度表示的是节点之间关联的紧密程度,在文献共被引网络中,网络密度越大,说明文献之间的联系越密切,研究越接近。通过 CitespaceⅢ 计算出来的网络密度为 0.023 7,表明网络也比较稀疏。

① 2004—2009 年国外田径运动科技文献高被引文献频次分析

如表 4.32 所示,在这一阶段,被引文献排名第一位的依然是 1974 年 Dill D B 发表在 J APPL PHYSIOL 期刊上的一篇文章,被引频次达到 85 次。排在第二至第五的分别是 Paavolainen L,1999,J APPL PHYSIOL;Bosco C,1983,EUR J APPL PHYSIOL O;Komi P V,1978,MED SCI SPORT EXER;Hopkins W G,2000,SPORTS MED。

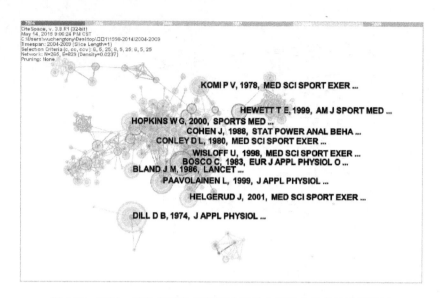

图 4.32　2004—2009 年国外田径运动科技文献的文献共被引网络图

表 4.32　2004—2009 年国外田径运动科技文献前 20 位高被引文献

文献	被引频次	文献	被引频次
Dill D B, 1974, J APPL PHYSIOL	85	Hewett T E, 1999, AM J SPORT MED	41
Paavolainen L, 1999, J APPL PHYSIOL	62	Bangsbo J, 1991, CAN J SPORT SCI	40
Bosco C, 1983, EUR J APPL PHYSIOL O	61	Arendt E, 1995, AM J SPORT MED	40
Komi P V, 1978, MED SCI SPORT EXER	54	Hewett T E, 1996, AM J SPORT MED	40
Hopkins W G, 2000, SPORTS MED	53	Bassett D R, 2000, MED SCI SPORT EXER	38
Helgerud J, 2001, MED SCI SPORT EXER	52	Hopkins W G, 1999, MED SCI S EXER	38
Wisloff U, 1998, MED SCI SPORT EXER	49	Jones A M, 1996, J SPORT SCI	38
Bland J M, 1986, LANCET	46	Hewett T E, 2005, AM J SPORT MED	38
Conley D L, 1980, MED SCI SPORT E	46	Winter D A, 1990, BIOMECHANICS M C	36
Cohen J, 1988, STAT POWER ANAL BEHA	45	Wilson G J, 1993, MED SCI SPORT E	36

可以看出，这些文献承担着 2004—2009 年这一阶段国外田径运动研究的知识基础的主要角色，它们承载的知识与田径运动密不可分，已引起领域内学者的高度关注。

② 2004—2009 年国外田径运动科技文献高被引文献中心性分析

由表 4.33 可知，"Wisloff U, 1998, MED SCI SPORT EXER, V30, P462"点度中心性最高，点度中心性达到 16.272；"Helgerud J, 2001, MED SCI SPORT EXER, V33, P1925"的点度中心性也达到 15.237。此项研究主要是通过对足球运动员季前赛的生理和运动能力测试，来验证耐力、力量和运动能力三者之间的关系。其他期刊的点度中心性都达到 10 以上，点度中心性比第一阶段和第二阶段高；中心性排名前 10 位的期刊，说明它们是这一阶段国外田径运动研究领域的核心期刊，均处于核心位置。结合表 4.33 发现，高频次被引期刊的点度中心性不一定高,被引频次排名第一的期刊在中心性榜单中却没有出现。中间中心性排名第一的是频次排名第一的"Dill D B,1974,J APPL PHYSIOL",虽然它的点度中心性不高,但是它在整个网络中具备较强控制资源的能力,在学术知识的交流过程中起着重要的桥梁和中介作用。接近中心性排名前10位的期刊,它们的接近中心性都超过70,说明它们与其他文献距离较近,同时掌握学术知识的流通方向。

表 4.33 2004—2009 年国外田径运动科技文献中心性排名前 5 位高被引文献

文献	点度中心性	文献	中间中心性	文献	接近中心性
Wisloff U,1998,MED SCI SPORT EXER	16.272	Dill D B,1974,J APPL PHYSIOL	8.647	Paavolainen L,1999,J APPL PHYSIOL	78.788
Helgerud J,2001,MED SCI SPORT EXER	15.237	Helgerud J,2001,MED SCI SPORT EXER	8.101	Helgerud J,2001,MED SCI SPORT EXER	78.788
Paavolainen L,1999,J APPL PHYSIOL	11.243	Paavolainen L,1999,J APPL PHYSIOL	6.978	Hopkins W G,2000,SPORTS MED	76.471
Bangsbo J,1991,CAN J SPORT SCI	11.243	Hopkins W G,1999,MED SCI S EXER	5.812	Cohen J,1988,STAT POWER ANAL BEHA	70.270
Hewett T E,1996,AM J SPORT MED	10.651	Komi P V,1978,MED SCI SPORT EXER	4.839	Jones A M,1996,J SPORT SCI	70.270

③ 2004—2009 年国外田径运动科技文献的文献共被引网络块模型分析

通过 Ucinet 软件中的 CONCOR 程序进行分析,结果如图 4.33 所示,2004—2009 代表年国外田径运动研究文献知识群体主要分为 7 块,群体①是由 Dill D B,1974,J APPL PHYSIOL;Cohen J,1988,STAT POWER ANAL BEHA 组成的文献群。群体②是由 Speedy D B,1999,MED SCI SPORT EXER,V31,P809;Borg G A V,1982,MED SCI SPORT EXER,V14,P377;Jeukendrup A,1996,MED SCI SPORT EXER,V28,P266 组成的文献群。群体③是以 Paavolainen L,1999,J APPL PHYSIOL;CONLEY D L,1980,MED SCI SPORT EXER 为代表的文献群。群体④是以 Hopkins W G,2000,SPORTS MED;Bland J M,1986,LANCET 为代表的文献群,成员有 5 个,是第二大文献群。群体⑤是由 Bosco C,1983,EUR J APPL PHYSIOL O;Beaver W L,1986,J APPL PHYSIOL,V60,P2020 组成的文献群。群体⑥是以 Helgerud J,2001,MED SCI SPORT EXER;Wisloff U,1998,MED SCI SPORT EXER;Bangsbo J,1991,CAN J SPORT SCI 为代表的文献群,成员有 6 个,是最大的文献群。群体⑦有一个文献。群体⑧是以 Hewett T E,1999,AM J SPORT MED;Arendt E,1995,AM J SPORT MED;Hewett T E,1996,AM J SPORT MED 为代表的文献群。

通过 Ucinet 统计高被引文献网络密度矩阵,结果发现,群体之间对角线的值按照大小排列为 8(12.1)>6(10.20)>3(9.333)>4(3.3)>5(2)>2(1.333)>1(1)>7(0)。群体⑧对角线的值最大,达到 12.1;群体⑥次之,对角线值也达到 10.20,意味着群体⑧和群体⑥之间

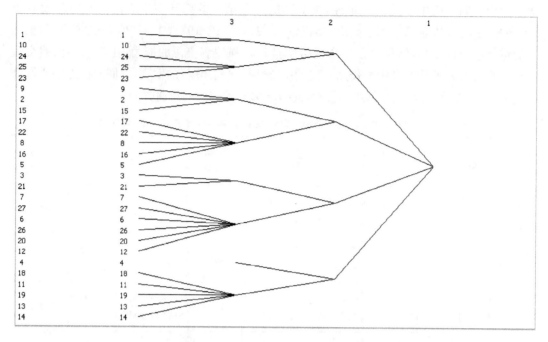

图 4.33　2004—2009 年国外田径运动科技文献共被引网络树形图

的知识流动相对比较流畅,交流比较活跃;除了群体⑦以外,其他群体对角线值都在 1 以上,说明它们之间也存在一定的合作交流,存在一定的专业领域对话。通过 Ucinet 计算整个网络的密度值为 1.749 3,将大于 1.749 3 的值改为 1,小于 1.749 3 的值改为 0,得到像矩阵,分析得到的完全是一个对角线矩阵。2004—2009 年期间国外田径运动研究高频次文献共被引网络分为 8 个群体,8 个群体的共引强度都较高,群体内部之间都存在内部联系;从外部看,群体④分别与群体⑤、群体⑥、群体⑦存在着外部联系,群体⑥与群体⑦也存在着外部联系,可以看出,群体④在文献共被引网络中占据着重要地位。

(3) 2010—2014 年国外田径运动科技文献的文献共被引网络分析

打开 CitespaceⅢ软件,将下载的 2010—2014 年的文献信息数据导入到 CitespaceⅢ软件中,将网络节点选择为"Cited References"。参数设置:时区分割(Time Slicing)设置为2010—2014,时间切片(Years Per Slice)为 1 年;阈值设置(8,5,25)、(8,5,25)、(5,3,25),表示被引文献满足出现次数大于 8、共现次数大于 5、词间相似系数大于 0.25 这三个条件,点击"运行"开始分析,最后通过可视化的功能生成文献共被引网络图谱(见图 4.34)。如图4.34 所示,共有节点 254 个,连线 588 条,可以看出网络节点之间连线比较密切,学术文献之间知识流动也比较畅通。

① 2010—2014 年国外田径运动科技文献高被引文献频次分析

如表 4.34 所示,在这一阶段,被引文献排名第一位的是"Cohen J, 1988, STAT POWER ANAL BEHA",被引频次达到 170 次。排在第二至第五的分别是"Hopkins W G, 2009, MED SCI SPORT EXER""Borg G A V, 1982, MED SCI SPORT EXER""Paavolainen L, 1999, J APPL PHYSIOL""Bosco C, 1983, EUR J APPL PHYSIOL O"。可以看出,这些文献承载着 2010—2014 这一阶段国外田径运动研究的知识基础的主要角

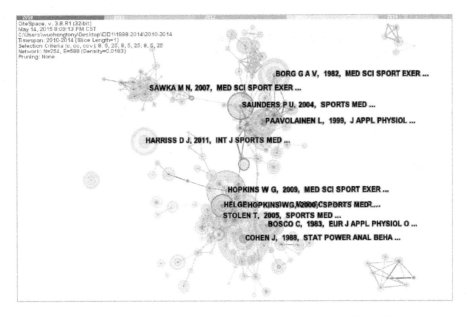

图 4.34　2010—2014 年国外田径运动科技文献的文献共被引网络图

色,他们承载的知识与田径运动密不可分,已引起领域内学者的高度关注。

表 4.34　2010—2014 年国外田径运动科技文献前 20 位高被引文献

文献	被引频次	文献	被引频次
Cohen J,1988,STAT POWER ANAL BEHA	170	Hewett T E,2005,AM J SPORT MED	79
Hopkins W G,2009,MED SCI SPORT EXER	125	Helgerud J,2001,MED SCI SPORT EXER	68
Borg G A V,1982,MED SCI SPORT EXER	105	Bassett D R,2000,MED SCI SPORT EXER	65
Paavolainen L,1999,J APPL PHYSIOL	92	Mohr M,2003,J SPORT SCI	61
Bosco C,1983,EUR J APPL PHYSIOL O	90	Van Gent R N,2007,BRIT J SPORT MED	60
Harriss D J,2011,INT J SPORTS MED	89	Dill D B,1974,J APPL PHYSIOL	60
Sawka M N,2007,MED SCI SPORT EXER	83	Wisloff U,2004,BRIT J SPORT MED	59
Hopkins W G,2000,SPORTS MED	82	Jones A M,1996,J SPORT SCI	58
Saunders P U,2004,SPORTS MED	82	Ford K R,2003,MED SCI SPORT EXER	55
Stolen T,2005,SPORTS MED	81	Harriss D J,2009,INT J SPORTS MED	54

② 2010—2014 年国外田径运动科技文献高被引文献中心性分析

由表 4.35 可知,"Stolen T,2005,SPORTS MED"点度中心性最高,点度中心性达到 18.040,它的频次却排在第十位;频次排在第一、第二的两篇论文"Cohen J,1988,STAT POWER ANAL BEHA""Hopkins W G,2009,MED SCI SPORT EXER"的点度中心性排在第二、第三,这两个文献的被引频次也排在前两位,这说明它们处在田径运动研究领域最核心的位置。

表 4.35 2010—2014 年国外田径运动科技文献中心性排名前 5 位高被引文献

文献	点度中心性	文献	中间中心性	文献	接近中心性
Stolen T,2005,SPORTS MED	18.040	Saunders P U,2004,SPORTS MED	1.877	Cohen J,1988,STAT POWER ANAL BEHA	90.323
Cohen J,1988,STAT POWER ANAL BEHA	14.835	Mohr M,2003,J SPORT SCI	1.874	Hopkins W G,2000,SPORTS MED	90.323
Hopkins W G,2009,MED SCI SPORT EXER	14.286	Hopkins W G,2009,MED SCI SPORT EXER	1.869	Hopkins W G,2009,MED SCI SPORT EXER	87.500
Helgerud J,2001,MED SCI SPORT EXER	13.828	Harriss D J,2011,INT J SPORTS MED	1.817	Helgerud J,2001,MED SCI SPORT EXER	87.500
Paavolainen L,1999,J APPL PHYSIO	13.095	Cohen J,1988,STAT POWER ANAL BEHA	1.652	Saunders P U,2004,SPORTS MED	84.848

点度中心性最高的一篇是"Stolen T,2005,SPORTS MED",研究认为,足球运动员的竞技能力表现主要由技术、生物力学、战术、心理和生理等因素组成,这篇文献对田径运动研究具有较好的借鉴价值。其他文献的点度中心性都达到 10 以上;中心性排名前 10 位的文献是这一阶段国外田径运动研究领域的核心文献,均处于核心位置。

中间中心性排名第一的是频次排名第一的"Saunders P U,2004,SPORTS MED",这篇文献主要是关于脱水与运动能力影响机制的研究,虽然它的点度中心性不高,但是它在整个网络具备较强控制资源的能力,在学术知识的交流过程中起着重要的桥梁和中介作用。接近中心性排名前 10 位的文献,它们的接近中心性都超过 80,说明它们与其他文献距离较近,同时掌握学术知识的流通方向。

③ 2010—2014 年国外田径运动科技文献的文献共被引网络块模型分析

通过 Ucinet 软件中的 CONCOR 程序进行分析,结果如图 4.35 所示,2010—2014 年国外田径运动研究文献知识群体主要分为 8 块:群体①是以 Cohen J,1988,STAT POWER ANAL BEHA;Hopkins W G,2009,MED SCI SPORT EXER 为代表的文献群。群体②是由 Hewett T E,2005,AM J SPORT MED;Ford K R,2003,MED SCI SPORT EXER 组成的文献群。群体③是以 Bosco C,1983,EUR J APPL PHYSIOL O;Leger L A,1988,J SPORT SCI,V6,P93 为代表的文献群。群体④是以 Stolen T,2005,SPORTS MED;Helgerud J,2001,MED SCI SPORT EXER;Mohr M,2003,J SPORT SCI 为代表的文献群,成员由 7 个文献组成,是第一大文献群。群体⑤是由 Borg G A V,1982,MED SCI SPORT EXER;Harriss D J,2011,INT J SPORTS MED 组成的文献群。群体⑥是由 Sawka M N,2007,MED SCI SPORT EXER;Harriss D J,2009,INT J SPORTS MED 等组成的文献群。群体⑦是由 Paavolainen L,1999,J APPL PHYSIOL;Saunders P U,2004,SPORTS MED。群体⑧是由 Van Gent R N,2007,BRIT J SPORT MED 和 Jackson A S,1978,BRIT J NUTR,V40,P497 组成的文献群。

通过 Ucinet 统计高被引文献网络密度矩阵,结果发现,群体之间对角线的值按照大小排列为 2(39)＞7(17.50)＞1(15.333)＞4(14.19)＞5(5.667)＞3(4)＞6(2.333)＞8(0),群体②对角线的值最大,达到 39;群体⑦次之,对角线值也达到 17.50,意味着群体②和群体⑦之间的知识流动相对比较流畅,交流比较活跃;除了群体⑧以外,其他群体对角线值都在 1 以上,说明它们之间存在一定的合作交流,存在一定的专业领域对话。通过 Ucinet 计算整个网络的密度值为 3.162 6,将大于 3.162 6 的值改为 1,小于 3.162 6 的值改为 0,得到像矩阵,分析得到的完全是一个对角线矩阵。

2010—2014 年国外田径运动研究高频次文献共被引网络分为 8 个群体,除了群体⑥和群体⑧以外,8 个群体的共引强度都较高,群体内部之间都存在联系;从外部看,群体①分别与群体③、群体④、群体⑤和群体⑦存在着外部联系,群体④与群体⑦、群体⑤和群体⑦也存在着外部联系,可以看出,群体①在文献共被引网络中占据着重要地位。

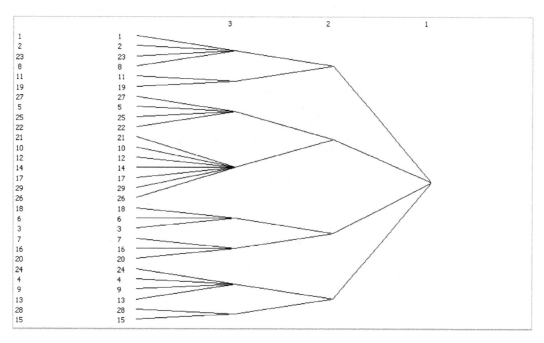

图 4.35　2010—2014 年国外田径运动科技文献共被引网络树形图

3) 国外田径运动科技文献作者共被引网络分析

20 世纪 80 年代,作者共被引分析方法开始出现,后来这一方法成为引文图领域中应用广度仅次于文献共被引分析的一种方法。怀特和格里菲斯在 1981 年最早提出这一方法,用来描绘知识结构。这类共被引分析中的分析单元是作者以及他们在科学文献中反映出的知识联系。这种以作者为中心的视角,开创了一个可以与文献共被引分析相提并论的新方法。作者共被引网络为文献共被引分析提供了一个非常有用的替代,特别是当文献共被引网络过于复杂时。麦克伦斯在 1990 年详细回顾了应用知识地图绘制作者图谱的技术方法。1998 年,怀特和麦克伦斯应用作者共被引方法深入研究了信息科学领域。自此,作者共被引方法从引文分析领域开始扩展到多个领域,并被众多跨学科研究者们认可。

本节主要进行三个方面的工作:首先,构建田径运动研究的作者共被引网络,探寻其高频的、具有影响力的作者,并对个别具有影响力的被引作者进行具体分析;其次,对田径运动研究被引作者的中心性进行分析,主要包括点度中心性、中间中心性和接近中心性三个方面;最后,对田径运动研究作者共被引网络进行块模型分析。

(1) 1998—2003年国外田径运动科技文献作者共被引网络分析

打开CitespaceⅢ软件,将下载的1998—2003年的文献信息数据导入到CitespaceⅢ软件中,将网络节点选择为"Cited Author"。参数设置:时区分割(Time Slicing)设置为1998—2003,时间切片(Years Per Slice)为1年;阈值设置(10,5,25)、(10,5,25)、(10,5,25),表示被引作者满足出现次数大于10,共现次数大于5,词间相似系数大于0.25这三个条件,点击"运行"开始分析,最后通过可视化的功能生成作者共被引网络图谱(见图4.36)。如图4.36所示,共有节点99个,连线335条,可以看出网络节点之间连线比较密切,作者之间知识流动也比较畅通。网络密度表示的是节点之间关联的紧密程度,在作者共被引网络中,网络密度越大,说明作者之间的联系越密切,研究越接近。通过CitespaceⅢ计算出来的网络密度为0.069 1,表明作者之间联系较为紧密。

图4.36　1998—2003年国外田径运动科技文献作者共被引网络图

① 1998—2003年国外田径运动科技文献高被引作者被引频次分析

本文采用被引频次的高低来确定国外田径运动研究作者的影响力。限于篇幅,本文在数据库中选取排名前20位高被引作者,如表4.36所示。在这一阶段,高被引作者排名前5的是Costill D L、Coyle E F、Noakes T D、Bosco C、Snieman D C。可以看出,这些学者承担着国外田径运动研究的主要角色,他们承担的研究与田径运动密不可分,已引起领域内学者的高度关注。

② 1998—2003年国外田径运动科技文献高被引作者中心性分析

由表4.37可知,Costill D L、Coyle E F点度中心性分别排在第一、第二,这与他们被引频次相一致,说明这两位作者处在田径运动研究领域最核心的位置;其他作者的点度中心性都达到6以上;中心性排名前10的作者,说明他们是这一阶段国外田径运动研究领域的核心作者,均处于核心位置。

表 4.36　1998—2003 年国外田径运动科技文献前 20 位高被引作者

作者	被引频次	作者	被引频次
Costill D L	252	Hickson R C	95
Coyle E F	187	Sjodin B	90
Noakes T D	164	Dill D B	89
Bosco C	138	Diprampero P E	88
Nieman D C	133	Lucia A	87
Hakkinen K	130	Nieman D C	85
Morgan D W	113	Billat V L	84
Billat V	106	Green H J	83
Houmard J A	104	Otoole M L	81
Komi P V	95	Lehmann M	81

表 4.37　1998—2003 年国外田径运动科技文献中心性排名前 10 位高被引作者

作者	点度中心性	作者	中间中心性	作者	接近中心性
Costill D L	13.258	Costill D L	1.962	Costill D L	100.000
Coyle E F	12.154	Komi P V	1.907	Coyle E F	96.667
Komi P V	10.117	Diprampero P E	1.798	Noakes T D	96.667
Noakes T D	8.501	Shephard R J	1.337	Diprampero P E	96.667
Sjodin B	8.057	Mujika I	1.313	Sjodin B	93.548
Houmard J A	7.921	Lehmann M	1.104	Dill D B	93.548
Otoole M L	7.579	Coyle E F	0.973	Morgan D W	90.625
Green H J	6.760	Davies C T M	0.808	Billat V	90.625
Mujika I	6.419	Billat V	0.751	Houmard J A	90.625
Billat V	6.328	Sjodin B	0.686	Mujika I	90.625

中间中心性排名第一的是频次排名第一的 Costill D L,第二的是 Coyle E F,虽然他们的点度中心性不高,但是他们在整个网络中具备较强控制资源的能力,在学术知识的交流过程中起着重要的桥梁和中介作用。接近中心性排名前 10 位的作者,他们的接近中心性都超过 90,说明他们与其他作者距离较近,同时掌握学术知识的流通方向。

③ 1998—2003 年国外田径运动科技文献作者共被引网络块模型分析

通过 Ucinet 软件中的 CONCOR 程序进行分析,结果如图 4.37 所示,1998—2003 年代表国外田径运动研究作者知识群体主要分为 8 块:群体①是以 Costill D L、Luda A 为代表的作者群;群体②是以 Houmard J A、Coyle E F 为代表的作者群;群体③是以 Sjodin B 等为代表的作者群;群体④是以 Diprampero P E 等为代表的作者群,成员由 5 个作者组成,是最小的作者群;群体⑤是由 Otoole M L 等组成的作者群;群体⑥是 Dill D B、Speedy D B 组成的作者群;群体⑦是以 Bosco C、Komi P V 为代表的作者群;群体⑧是以 Nieman D C 为代表的作者群。

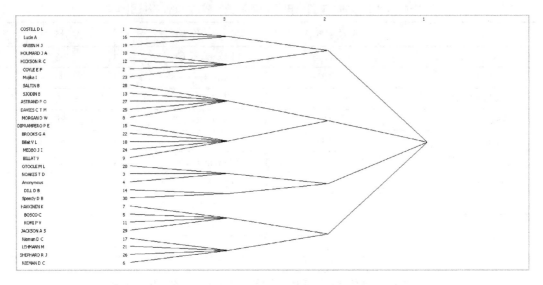

图 4.37　1998—2003 年国外田径运动科技文献作者共被引网络树形图

通过 Ucinet 统计高被引作者网络密度矩阵,结果发现,群体之间对角线的值按照大小排列为 2(39)＞7(17.50)＞1(15.333)＞4(14.19)＞5(5.667)＞3(4)＞6(2.333)＞8(0),群体②对角线的值最大,达到 39;群体⑦次之,对角线值也达到 17.50,意味着群体②和群体⑦之间的知识流动相对比较流畅,交流比较活跃;除了群体⑧以外,其他群体对角线值都在 1 以上,说明他们之间也存在一定的合作交流,存在一定的专业领域对话。通过 Ucinet 计算整个网络的密度值为 3.162 6,将大于 3.162 6 的值改为 1,小于 3.162 6 的值改为 0,得到像矩阵,分析得到的完全是一个对角线矩阵。1998—2003 年期间国外田径运动研究高频次作者共被引网络分为 8 个群体,除了群体⑧以外,7 个群体的共被引强度都较高,群体内部之间都存在合作和帮助;从外部看,群体①分别与群体②、群体③、群体④存在着外部联系,群体③与群体④,群体⑤和群体⑥也存在着外部联系,可以看出,群体①在作者共被引网络中占据着重要地位。

(2) 2004—2009 年国外田径运动科技文献作者共被引网络分析

打开 CitespaceⅢ软件,将下载的 2004—2009 年的文献信息数据导入到 CitespaceⅢ软件中,将网络节点选择为"Cited Author"。参数设置:时区分割(Time Slicing)设置为 2004—2009,时间切片(Years Per Slice)为 1 年;阈值设置(10,8,25)、(10,8,25)、(10,8,25),表示被引作者满足出现次数大于 10、共现次数大于 8、词间相似系数大于 0.25 这三个条件,点击"运行"开始分析,最后通过可视化的功能生成作者共被引网络图谱(见图 4.38)。如图 4.38 所示,共有节点 206 个,连线 727 条,可以看出网络节点之间连线比较密切,作者之间知识流动也比较畅通。网络密度表示的是节点之间关联的紧密程度,在作者共被引网络中,网络密度越大,说明作者之间的联系越密切,研究越接近,通过 CitespaceⅢ计算出来的网络密度为 0.034 4,表明网络比较稀疏。

① 2004—2009 年国外田径运动科技文献高被引作者频次分析

这里依据被引频次的高低来确定国外田径运动研究作者的影响力。限于篇幅,本文在数据库中选取排名前 20 位高被引作者,如表 4.38 所示。在这一阶段,高被引作者排名前 5

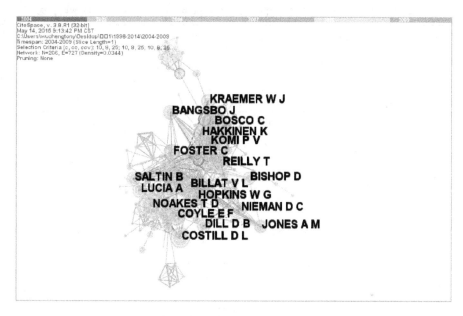

图 4.38　2004—2009 年国外田径运动研究作者共被引网络图

的是 Lucia A、Bosco C、Noakes T D、Hewett T E、Hopkins W G。可以看出这些学者承担着国外田径运动研究的主要角色,他们承担的研究与田径运动密不可分,已引起领域内学者的高度关注。

表 4.38　2004—2009 年国外田径运动科技文献前 20 位高被引作者

作者	被引频次	作者	被引频次
Lucia A	221	Jones A M	155
Bosco C	219	Coyle E F	146
Noakes T D	196	Reilly T	143
Hewett T E	192	Hakkinen K	126
Hopkins W G	192	Bishop D	121
Nieman D C	191	Kraemer W J	115
Noakes T D	165	Hoff J	113
Billat V L	162	Komi P V	109
Speedy D B	161	Dill D B	106
Costill D L	159	Bangsbo J	104

② 2004—2009 年国外田径运动科技文献高被引作者中心性分析

由表 4.39 可知,Hopkins W G、Hewett T E 点度中心性分别排在第一第二,这与他们的被引频次大致一致,说明这两位作者处在田径运动研究领域最核心的位置;其他作者的点度中心性都达到 4 以上;中心性排名前 10 的作者,说明他们是这一阶段国外田径运动研究领域的核心作者,均处于核心位置。

表 4.39 2004—2009 年国外田径运动科技文献中心性排名前 10 位高被引作者

作者	点度中心性	作者	中间中心性	作者	接近中心性
Hopkins W G	7.724	Hoff J	2.443	Noakes T D	91.176
Hewett T E	6.327	Wisloff U	2.195	Lucia A	91.176
Nieman D C	6.145	Noakes T D	2.035	Hoff J	91.176
Bosco C	5.854	Foster C	1.791	Hopkins W G	88.571
Billat V L	5.774	Lauren P B	1.628	Costill D L	88.571
Coyle E F	5.774	Nieman D C	1.375	Coyle E F	88.571
Burke L M	5.124	Bosco C	1.370	Lauren P B	88.571
Nieman D C	4.997	Dill D B	1.284	Foster C	88.571
Hoff J	4.318	Komi P V	1.281	Bosco C	86.111
Lucia A	4.246	Hakkinen K	1.203	Kraemer W J	86.111

中间中心性排名第一的是 Hoff J，虽然他的点度中心性不高，但是他在整个网络中具备较强控制资源的能力，在学术知识的交流过程中起着重要的桥梁和中介作用。接近中心性排名前 10 位的作者，他们的接近中心性都超过 86，说明他们与其他作者距离较近，同时掌握学术知识的流通方向。

③ 2004—2009 年国外田径运动科技文献作者共被引网络块模型分析

通过 Ucinet 软件中的 CONCOR 程序进行分析，结果如图 4.39 所示，2004—2009 年国外田径运动研究作者知识群体主要分为 8 块：群体①是以 Lucia A、Coyle E F 为代表的作者群；群体②是以 Hopkins W G、Billat V L 为代表的作者群；群体③是以 Noakes T D、Speedy D B 为代表的作者群；群体④是以 Nieman D C 为代表的作者群，成员由 3 个作者组成；群体⑤是由 Bosco C、Hakkinen K 组成的作者群；群体⑥是由 Hewett T E 等组成的作者群；群体⑦是由 Reilly T 等组成的作者群；群体⑧就 Young W B 一个作者。

通过 Ucinet 统计高被引作者网络密度矩阵，结果发现，群体之间对角线的值按照大小排列为 4(168.667)＞6(137)＞7(77.9)＞5(64.333)＞3(62)＞2(48.8)＞1(38.6)＞8(0)，群体④对角线的值最大，达到 168.667；群体⑥次之，对角线值也达到 137，意味着群体④和群体⑥之间的知识流动相对比较流畅，交流比较活跃；除了群体⑧以外，其他群体对角线值都在 38 以上，说明他们之间也存在一定的合作交流，存在一定的专业领域对话。通过 Ucinet 计算整个网络的密度值为 14.314 5，将大于 14.314 5 的值改为 1，小于 14.314 5 的值改为 0，得到像矩阵，分析得到的完全是一个对角线矩阵。2004—2009 年期间国外田径运动研究高频次作者共被引网络分为 8 个群体，除了群体⑧以外，7 个群体的共被引强度都较高，群体内部之间都存在合作和帮助；从外部看，群体⑤分别与群体⑥、群体⑦、群体⑧存在着外部联系，群体①与群体②也存在着外部联系，可以看出，群体⑤在作者共被引网络中占据着重要地位。

(3) 2010—2014 年国外田径运动科技文献作者共被引网络分析

打开 CitespaceⅢ软件，将下载的 2010—2014 年的文献信息数据导入到 CitespaceⅢ软件中，将网络节点选择为"Cited Author"。参数设置：时区分割(Time Slicing)设置为 2010—2014，时间切片(Years Per Slice)为 1 年；阈值设置(15,10,30)、(15,10,30)、(15,10,

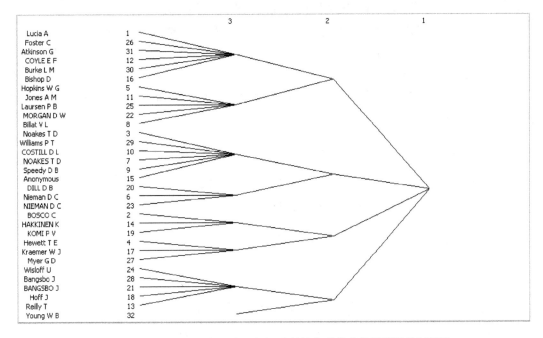

图 4.39　2004—2009 年国外田径运动科技文献作者共被引网络树形图

30），表示被引作者满足出现次数大于 15、共现次数大于 10、词间相似系数大于 0.30 这三个条件，点击"运行"开始分析，最后通过可视化的功能生成作者共被引网络图谱（见图4.40）。如图 4.40 所示，共有节点 153 个，连线 234 条，可以看出网络节点之间连线比较密切，作者之间知识流动也比较畅通。网络密度表示的是节点之间关联的紧密程度，在作者共被引网络中，网络密度越大，说明作者之间的联系越密切，研究越接近。通过 Citespace Ⅲ 计算出来的网络密度为 0.020 1。

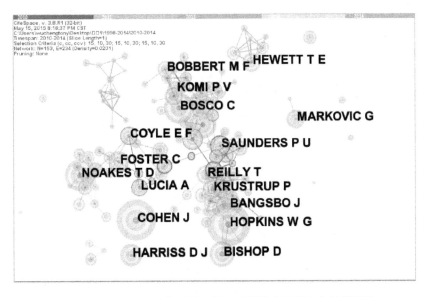

图 4.40　2010—2014 年国外田径运动科技文献作者共被引图谱

① 2010—2014年国外田径运动科技文献高被引作者频次分析

这里依据被引频次的高低来确定国外田径运动研究作者的影响力。限于篇幅,本文在数据库中选取排名前20位高被引作者,如表4.40所示。在这一阶段,高被引作者排名前5的是Knechtle B、Hopkins W G、Noakes T D、Hewett T E、Krustrup P。可以看出这些学者承担着国外田径运动研究的主要角色,他们承担的研究与田径运动密不可分,已引起领域内学者的高度关注。

表4.40　2010—2014年国外田径运动科技文献前20位高被引作者

作者	被引频次	作者	被引频次
Knechtle B	433	Bangsbo J	216
Hopkins W G	429	Cohen J	215
Noakes T D	297	Gabbett T J	213
Hewett T E	282	Jones A M	200
Krustrup P	269	Cormie P	193
Myer G D	263	Reilly T	185
Bishop D	257	Saunders P U	183
Buchheit M	256	Hoffman M D	181
Bosco C	251	Lucia A	180
Kraemer W J	217	Foster C	175

② 2010—2014年国外田径运动科技文献高被引作者中心性分析

由表4.41可知,Krustrup P、Hewett T E点度中心性分别排在第一、第二,这与他们被引频次大致一致,说明这两位作者处在田径运动研究领域最核心的位置;其他作者的点度中心性都达到4以上;中心性排名前10位的作者,说明他们是这一阶段国外田径运动研究领域的核心作者,均处于核心位置。

表4.41　2010—2014年国外田径运动科技文献中心性排名前10位高被引作者

作者	点度中心性	作者	中间中心性	作者	接近中心性
Krustrup P	7.724	Hopkins W G	1.019	Hopkins W G	100.000
Hewett T E	6.327	Bangsbo J	1.019	Bangsbo J	100.000
Myer G D	6.145	Gabbett T J	1.019	Gabbett T J	100.000
Hopkins W G	5.854	Hoffman M D	1.019	Hoffman M D	100.000
Buchheit M	5.774	Bosco C	0.831	Bosco C	96.667
Cohen J	5.774	Millet G P	0.815	Saunders P U	96.667
Castagna C	5.124	Harriss D J	0.787	Millet G P	96.667
Mohr M	4.997	Impellizzeri F	0.740	Foster C	93.548
Saunders P U	4.318	Mohr M	0.714	Impellizzeri F	93.548
Knechtle B	4.246	Markovic G	0.711	Harriss D J	93.548

中间中心性排名第一的有4个作者,他们分别是 Hopkins W G、Bangsbo J、Gabbett T J 和 Hoffman M D,虽然他们的点度中心性不高,但是他们在整个网络中具备较强控制资源的能力,在学术知识的交流过程中起着重要的桥梁和中介作用。接近中心性排名前10位的作者,他们的接近中心性都超过93,说明他们与其他作者距离较近,同时掌握学术知识的流通方向。

③ 2010—2014年国外田径运动科技文献作者被引网络块模型分析

通过 Ucinet 软件中的 CONCOR 程序进行分析,结果如图4.41所示,2010—2014年国外田径运动研究作者知识群体主要分为8块:群体①是以 Knechtle B、Noakes T D 为代表的作者群;群体②是以 Lucia A 为代表的作者群;群体③是以 Hewett T E、Myer G D 为代表的作者群;群体④成员只有 Kubo K 1人;群体⑤是由 Hopkins W G、Buchheit M 等组成的作者群;群体⑥是由 Krustrup P 等组成的作者群;群体⑦是由 Bosco C 等组成的作者群;群体⑧是 Cohen J、Cormie P 两个作者。

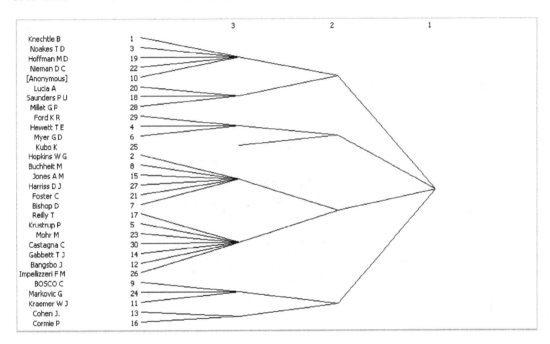

图4.41　2010—2014年国外田径运动科技文献作者共被引网络树形图

通过 Ucinet 统计高被引作者网络密度矩阵,结果发现,群体之间对角线的值按照大小排列为3(567.333)＞6(131.048)＞1(96.9)＞2(56.333)＞5(51.733)＞7(42)＞8(22)＞4(0),群体③对角线的值最大,达到567.333;群体⑥次之,对角线值也达到131.048,意味着群体③和群体⑥之间的知识流动相对比较流畅,交流比较活跃;除了群体④以外,其他群体对角线值都在22以上,说明他们之间也存在一定的合作交流,存在一定的专业领域对话。通过 Ucinet 计算整个网络的密度值为28.206 9,将大于28.206 9的值改为1,小于28.206 9的值改为0,得到像矩阵,分析得到的完全是一个对角线矩阵。2010—2014年国外田径运动研究高频次作者共被引网络分为8个群体,除了群体④以外,7个群体的共引强度都较高,群体内部之间都存在合作和帮助;从外部看,群体⑤分别与群体⑥、群体②存在着外部联系,群体⑦与群体⑧也存在着外部联系,可以看出,群体⑤在作者共被引网络中占据着重要地位。

4.3.2 国内田径运动科技文献的知识客体图谱分析

1) 国内田径运动科技文献期刊共被引网络分析

(1) 1998—2003年国内田径运动科技文献期刊共被引网络分析

打开CitespaceⅢ软件,将下载的1998—2003年的文献信息数据导入到Citespace软件中,将网络节点选择为"Cited Journals"。参数设置:时区分割(Time Slicing)设置为1998—2003,时间切片(Years Per Slice)为1年;阈值设置为(2,2,20)、(2,2,20)、(2,2,20),表示被引期刊满足出现次数大于2、共现次数大于2、词间相似系数大于0.20这三个条件,点击"运行"开始分析,最后通过可视化的功能生成期刊共被引网络图谱(见图4.42)。如图4.42所示,共有节点107个,连线149条,可以看出网络节点之间连线比较密集,学术期刊之间知识流动也比较畅通。通过Citespace计算出来的网络密度为0.130 2,期刊之间联系较为密切。

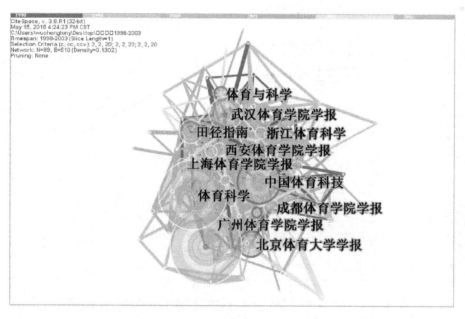

图4.42　1998—2003年田径运动科技文献期刊共被引网络图

① 1998—2003年国内田径运动科技文献高被引期刊频次分析

本文依据被引频次的高低来确定国内田径运动研究期刊的影响力高低。限于篇幅,本文在数据库中选取排名前14位的高被引期刊,如表4.42所示。在这一阶段,高被引期刊排名前两位的是《田径》《体育科学》,可以看出这些学术期刊承担着国内田径运动研究的知识来源期刊的主要角色,它们刊载的知识与田径运动密不可分,已引起领域内学者的高度关注。下面是排在前两位期刊的基本概况,具体如下:

《田径》杂志是由中国田径协会和中国体育报业总社主办,主要介绍田径运动知识,报道重要比赛活动,是业内最具影响力的杂志之一,其主要栏目有研究报告、文献综述、简报、专题研究。

《体育科学》杂志于1981年创刊,由中国体育科学学会主办,经过30多年的快速发展和进步,它逐步成为在国内外颇具影响力的体育学术期刊。《体育科学》杂志在发展中国体育科学研究、传播体育科学思想方面做出了独特的贡献,目前开设的栏目有研究报告、综述与进展、争鸣与探索、博士论文与学会信息等。

表4.42 1998—2003年田径运动科技文献高被引期刊频次

期刊	被引频次	期刊	被引频次
田径	195	西安体育学院学报	32
体育科学	142	田径科技信息	25
中国体育科技	82	体育与科学	24
武汉体育学院学报	59	上海体育学院学报	23
田径指南	50	浙江体育科学	23
北京体育大学学报	45	山东体育科技	22
成都体育学院学报	36	四川体育科学	20

② 1998—2003年国内田径运动科技文献高被引期刊中心性分析

由表4.43可知,《田径》期刊的点度中心性达到21.212,被引频次排在第一,处在国内田径运动研究领域最核心的位置;其他期刊的点度中心性都超过3.896;中心性排名前10的被引文献,说明它们是这一阶段国内田径运动研究领域的核心被引期刊或专著,均处于核心位置。结合表4.43可以看出,高被引期刊的频次与它的点度中心性基本一致。

表4.43 1998—2003年国内田径运动科技文献期刊共被引中心性

期刊	点度中心性	期刊	中间中心性	期刊	接近中心性
田径	21.212	田径	1.675	田径	100.000
体育科学	15.124	体育科学	1.805	体育科学	100.000
中国体育科技	13.312	中国体育科技	1.805	中国体育科技	96.552
武汉体育学院学报	9.848	武汉体育学院学报	1.580	武汉体育学院学报	96.552
北京体育大学学报	5.032	田径指南	1.221	田径指南	93.333
成都体育学院学报	4.816	北京体育大学学报	1.249	北京体育大学学报	96.552
田径科技信息	3.896	成都体育学院学报	0.741	成都体育学院学报	87.500

中间中心性最高的被引期刊是《田径》和《体育科学》,这与它们的点度中心性相吻合,说明它们在整个网络具备较强控制资源的能力,在学术知识的交流过程中起着一定的桥梁和中介作用。同时,《田径》和《体育科学》这两个期刊的接近中心性也排在前两位,它们的接近中心性均达到100,说明它们与其他被引期刊的距离较近,同时掌握学术知识的流通

方向。

③ 1998—2003 年国内田径运动科技文献期刊共被引网络块模型分析

通过 Ucinet 软件中的 CONCOR 程序进行,具体操作过程是 Network Roles and position Structural CONCOR,分析结果如图 4.43 所示。

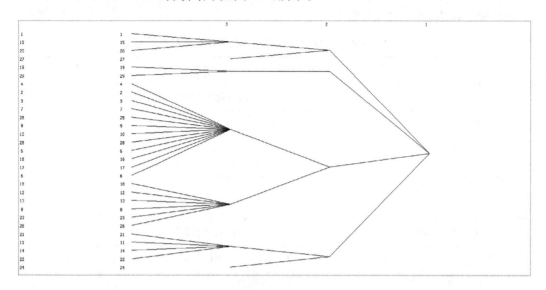

图 4.43 1998—2003 年国内田径运动科技文献期刊共被引网络树形图

如图 4.43 所示,1998—2003 年国内田径运动研究期刊群体主要分为 6 块:群体①是以《体育与科学》等为代表的期刊群;群体③是《山东体育科技》和《中国运动医学杂志》期刊;群体④是以《田径》《体育科学》和《中国体育科技》为代表的期刊群,本期刊群共有成员 12 个,是期刊群中最大、最具影响力的期刊群;群体⑤是以《北京体育大学学报》为代表的期刊群;群体⑥是以《西安体育学院学报》和《田径科技信息》为代表的期刊群;群体②和群体⑦是单个的期刊群。

通过 Ucinet 统计高被引期刊网络密度矩阵,结果发现,群体之间对角线的值按照大小排列为 4(9.667)＞2(8)＞6(7.833)＞5(2.067)＞1(1)＞3,7(0),群体④对角线的值最大,达到 9.667,群体②次之,对角线值达到 8,意味着群体④和群体②的知识流动流畅,交流比较活跃;相比较,群体③和群体⑦的对角线值为 0,说明它们之间不存在合作交流,没有专业领域的对话。通过 Ucinet 计算整个网络的密度值为 5.697 0,将大于 5.697 0 的值改为 1,小于 5.697 0 的值改为 0,得到像矩阵,分析得到的完全是一个对角线矩阵。1998—2003 年期间国内田径运动研究高频次期刊共被引网络分为 7 个子群,群体②与群体④和群体⑥内部共引强度较高,而其他各个子群内部之间基本上不存在内部联系;同时群体②与群体④之间、群体②与群体⑤之间存在着合作和相互联系。

(2) 2004—2009 年国内田径运动科技文献期刊共被引网络分析

打开 CitespaceⅢ软件,将下载的 2004—2009 年的文献信息数据导入到 CitespaceⅢ软件中,将网络节点选择为"Cited Journals"。参数设置:时区分割(Time Slicing)设置为 2004—2009,时间切片(Years Per Slice)为 1 年,阈值设置为(2,2,20)、(2,2,20)、(2,2,20),表示被引期刊满足出现次数大于 2,共现次数大于 2,词间相似系数大于 0.20 这三个条件,点击"运行"开始分析,最后通过可视化的功能生成期刊共被引网络图谱(见图4.44)。如图4.44所示,共有节点101个,连线245条,可以看出网络节点之间连线比较密集,学术期刊之间知识流动也比较畅通。网络密度表示的是节点之间关联的紧密程度,在期刊共被引网络中,网络密度越大,说明期刊之间的联系越密切,研究越接近。通过CitespaceⅢ计算出来的网络密度为0.048 5,表明网络比较稀疏。

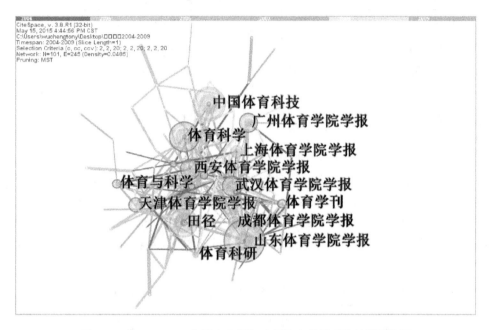

图4.44 2004—2009年国内田径运动科技文献期刊共被引网络图

① 2004—2009年国内田径运动科技文献期刊高被引频次分析

本文依据被引频次的高低来确定国内田径运动期刊的影响力高低。限于篇幅,本文在数据库中选取排名前16位的高被引期刊,如表4.44所示。在这一阶段,高被引期刊排名前三的是《北京体育大学学报》《中国体育科技》《田径》。从这一阶段可以看出,《中国体育科技》成为共被引频次增长最快的期刊,跃居第二。其他4个与第一阶段相同。这些学术期刊承担着国内田径运动研究的知识来源期刊的主要角色,它们刊载的知识与田径运动密不可分,已引起领域内学者的高度关注。

《北京体育大学学报》是由国家体育运动委员会主管、北京体育大学主办的综合类体育学术性刊物,主要刊登体育教师、教练员、研究人员、管理人员、研究生等在体育科学及其边沿领域的科技文献及综述性文章,开设了"专题论坛""体育人文社会科学""运动人体科学与运动心理学""体育教育学""运动训练学"等栏目。

《中国体育科技》是一本全面报道国内体育科技新成果,为"奥运争光计划"和"全国健身计划"服务,为科技成果转化为生产力牵线搭桥的期刊;报道国家体育总局有关体育科技方面的方针、政策、动态;突出学术质量,精益求精,百家争鸣,百花齐放;设有科研成果、调研报告、专题论文、经验总结、问题探讨等栏目。

表 4.44　2004—2009 年国内田径运动科技文献期刊被引频次

期刊	被引频次	期刊	被引频次
北京体育大学学报	220	成都体育学院学报	59
中国体育科技	194	天津体育学院学报	59
田径	185	山东体育学院学报	51
体育科学	162	体育学刊	41
武汉体育学院学报	91	体育与科学	38
西安体育学院学报	86	浙江体育科学	36
广州体育学院学报	70	体育科研	35
上海体育学院学报	64	沈阳体育学院学报	30

② 2004—2009 年国内田径运动科技文献高被引期刊中心性分析

由表 4.45 可知，《北京体育大学学报》的点度中心性达到 25.103，被引频次也排在第一位，这说明了该期刊处在国内田径运动研究领域最核心的位置；其他期刊的点度中心性都达到 7.448 以上；中心性排名前 7 的被引期刊，说明它们是这一阶段国内田径运动研究领域的核心被引期刊，均处于核心位置。结合表 4.45 可以看出，高被引期刊的频次与它的点度中心性基本一致。

表 4.45　2004—2009 年国内田径运动科技文献高被引期刊中心性

期刊	点度中心性	期刊	中间中心性	期刊	接近中心性
北京体育大学学报	25.103	北京体育大学学报	1.227	北京体育大学学报	100.000
田径	22.759	中国体育科技	1.227	中国体育科技	100.000
中国体育科技	19.845	武汉体育学院学报	1.227	武汉体育学院学报	100.000
武汉体育学院学报	17.569	西安体育学院学报	0.851	田径	93.548
体育科学	15.362	广州体育学院学报	0.493	体育科学	93.548
广州体育学院学报	9.397	体育科学	0.493	西安体育学院学报	93.548
西安体育学院学报	8.879	田径	0.430	广州体育学院学报	93.548

中间中心性最高的被引期刊是《北京体育大学学报》《中国体育科技》和《武汉体育学院学报》，它们的中间中心性都为 1.227，说明它们在整个网络中具备一定控制资源的能力，在学术知识的交流过程中起着一定的桥梁和中介作用。同时，《北京体育大学学报》《中国体育科技》和《武汉体育学院学报》这三个期刊的接近中心性并列排在第一位，它们的接近中心性均为 100，与中间中心性相一致，说明它们与其他被引期刊的距离较近，同时掌握学术知识的流通方向。

③ 2004—2009 年国内田径运动科技文献期刊共被引网络块模型分析

通过 Ucinet 软件中的 CONCOR 程序进行，具体操作过程是 Network Roles and position Structural CONCOR，分析结果如图 4.45 所示。

如图 4.45 所示，2004—2009 年国内田径运动研究期刊群体主要分为 7 块：群体①是以

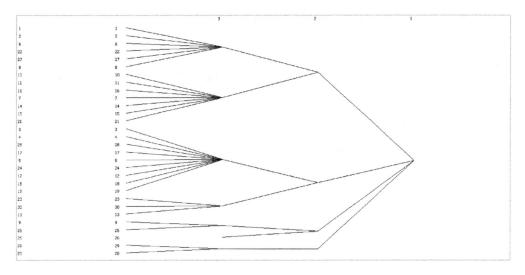

图 4.45　2004—2009 年国内田径运动科技文献期刊共被引网络树形图

《北京体育大学学报》《武汉体育学院学报》为代表的期刊群;群体②是以《西安体育学院学报》《上海体育学院学报》为代表的期刊群;群体③是以《中国体育科技》《田径》《体育科学》为代表的期刊群,本期刊群共有成员 10 个,是期刊群中最大、最具影响力的期刊群;群体④是以《中国体育教练员》等为代表的期刊群;群体⑤是以《中国运动医学杂志》为代表的期刊群;群体⑥是《辽宁体育科技》一个期刊;群体⑦是《首都体育学院学报》和《New Study in Athletics》。

通过 Ucinet 统计高被引期刊网络密度矩阵,结果发现,群体之间对角线的值按照大小排列为 1(36.4)>5(31)>3(27.028)>2(14.095)>6(4)>4(2.667)>7(0),群体①对角线的值最大,达到 36.4;群体⑤次之,对角线值也达到 31,意味着群体①和群体⑤之间的知识流动相对比较流畅,交流比较活跃;除了群体⑦对角线值为 0,其他群体对角线值都在 2 以上,说明它们之间也存在一定的合作交流,存在一定的专业领域对话。

通过 Ucinet 计算整个网络的密度值为 14.043 7,将大于 14.043 7 的值改为 1,小于 14.043 7 的值改为 0,得到像矩阵,分析得到的完全是一个对角线矩阵。2004—2009 年期间国内田径运动研究高频次期刊共被引网络分为 7 个子群,群体①、群体②、群体③和群体⑤内部共引强度较高,而其他各群体内部之间基本上存在内部联系;同时,群体①与群体②、群体③与群体⑥之间存在较强的共引强度。

(3) 2010—2014 年国内田径运动科技文献期刊共被引网络分析

打开 CitespaceⅢ软件,将下载的 2010—2014 年的文献信息数据导入到 Citespace 软件中,将网络节点选择为"Cited Journals"。参数设置:时区分割(Time Slicing)设置为 2010—2014,时间切片(Years Per Slice)为 1 年;阈值设置为(2,2,20)、(2,2,20)、(2,2,20),表示被引期刊满足出现次数大于 2、共现次数大于 2、词间相似系数大于 0.20 这三个条件,点击"运行"开始分析,最后通过可视化的功能生成期刊共被引网络图谱(见图 4.46)。如图 4.46 所示,共有节点 58 个,连线 117 条。通过 Citespace 计算出来的网络密度为 0.070 8,表明网络比较稀疏。

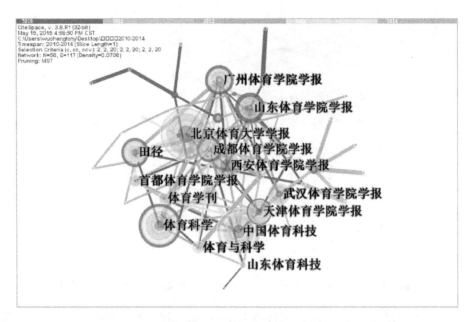

图 4.46 2010—2014 年国内田径运动科技文献期刊共被引网络图

① 2010—2014 年国内田径运动科技文献期刊高被引频次分析

限于篇幅,本文在数据库中选取排名前 16 位的高被引期刊,如表 4.46 所示。在这一阶段,高被引期刊排名前三的是《北京体育大学学报》《中国体育科技》《体育科学》。与第二阶段相比较,排名靠前期刊基本相同,这些学术期刊承担着国内田径运动研究的知识来源期刊的主要角色,它们刊载的知识与田径运动密不可分,已引起领域内学者的高度关注。

表 4.46 2010—2014 年田径运动科技文献期刊被引频次

期刊	被引频次	期刊	被引频次
北京体育大学学报	86	武汉体育学院学报	31
中国体育科技	72	山东体育学院学报	31
体育科学	63	上海体育学院学报	21
西安体育学院学报	45	首都体育学院学报	20
天津体育学院学报	39	沈阳体育学院学报	20
广州体育学院学报	35	体育与科学	19
成都体育学院学报	31	体育学刊	18

② 2010—2014 年国内田径运动科技文献高被引期刊中心性分析

由表 4.47 可知,《北京体育大学学报》《体育科学》的点度中心性分别排在第一和第二位,这两个期刊在国内田径运动研究领域处于最核心的位置;其他期刊的点度中心性都达到 8.230 以上;中心性排名前 10 的被引期刊,说明它们是这一阶段国内田径运动研究领域的核心被引期刊,均处于核心位置。结合表 4.47 可以看出,高被引期刊的频次与它的点度中心性基本一致。

表 4.47 2010—2014 年国内田径运动科技文献高被引期刊中心性

期刊	点度中心性	期刊	中间中心性	期刊	接近中心性
北京体育大学学报	30.480	西安体育学院学报	2.910	西安体育学院学报	50.000
体育科学	21.588	北京体育大学学报	0.756	北京体育大学学报	49.057
中国体育科技	20.513	中国体育科技	0.756	中国体育科技	49.057
西安体育学院学报	15.922	广州体育学院学报	0.756	广州体育学院学报	49.057
广州体育学院学报	13.606	天津体育学院学报	0.647	体育科学	48.148
成都体育学院学报	11.787	成都体育学院学报	0.516	天津体育学院学报	48.148
天津体育学院学报	11.497	体育科学	0.420	成都体育学院学报	47.273

中间中心性最高的被引期刊是《西安体育学院学报》,它的中间中心性为 2.910,在整个网络中具备一定控制资源的能力,在学术知识的交流过程中起着桥梁和中介作用。同时,它的接近中心性达到 50,与中间中心性相一致,说明它与其他被引期刊的距离较近,同时掌握学术知识的流通方向。

③ 2010—2014 年国内田径运动科技文献期刊共被引网络块模型分析

通过 Ucinet 软件中的 CONCOR 程序进行,具体操作过程是 Network Roles and position Structural CONCOR,分析结果如图 4.47 所示。

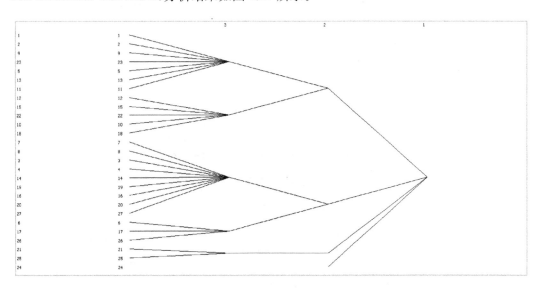

图 4.47 2010—2014 年国内田径运动科技文献期刊共被引网络树形图

如图 4.47 所示,国内田径运动科技文献期刊群体主要分为 6 块:群体①是以《北京体育大学学报》《北京体育大学出版社》《Med Sci Sports Exerc》等为代表的期刊群;群体②是以《成都体育学院学报》《山东体育学院学报》为代表的期刊群;群体③是以《中国体育科技》《体育科学》为代表的期刊群,本期刊群共有成员 9 个,是期刊群中最大的期刊群;群体④是以《田径》《体育与科学》等为代表的期刊群;群体⑤是以《体育文化导刊》和《浙江体育科学》为代表的期刊群;群体⑥是《Sports Med》一个期刊。从国内田径引文期刊来看,我国学者已经开始关注国外田径领域优秀期刊。

通过 Ucinet 软件统计高被引期刊网络密度矩阵,结果发现,群体之间对角线的值按照大小排列为 5(24)>1(20.286)>3(10.25)>4(9.667)>2(7.8)>6(0),群体⑤对角线的值最大,达到 24;群体①次之,对角线值也达到 20.286,意味着群体⑤和群体①之间的知识流动相对比较流畅,交流比较活跃;除了群体⑥对角线值为 0,群体②为 7.8,其他群体对角线值都在 7.8 以上,说明它们之间也存在一定的合作交流,存在一定的专业领域对话。通过 Ucinet 计算整个网络的密度值为 7.661 0,将大于 7.661 0 的值改为 1,小于 7.661 0 的值改为 0,得到像矩阵,分析得到的完全是一个对角线矩阵。2010—2014 年期间国内田径运动研究高频次期刊共被引网络分为 6 个子群,群体①、群体②、群体③、群体④与群体⑤内部共引强度较高,而群体⑥不存在合作;同时,群体①与群体②、群体③与群体④之间存在较强的共引强度。

2) 国内田径运动科技文献的文献共被引网络分析

(1) 1998—2003 年国内田径运动科技文献的文献共被引网络分析

打开 CitespaceⅢ软件,将下载的 1998—2003 年的文献信息数据导入到 Citespace 软件中,将网络节点选择为"Cited References"。参数设置:时区分割(Time Slicing)设置为 1998—2003,时间切片(Years Per Slice)为 1 年;阈值设置为(2,2,20)、(2,2,20)、(2,2,20),表示被引文献满足出现次数大于 2、共现次数大于 2、词间相似系数大于 0.20 这三个条件,点击"运行"开始分析,最后通过可视化的功能生成文献共被引网络图谱(见图 4.48)。如图 4.48 所示,共有节点 107 个,连线 149 条。通过 Citespace 计算出来的网络密度为 0.026 3,表明网络比较稀疏。

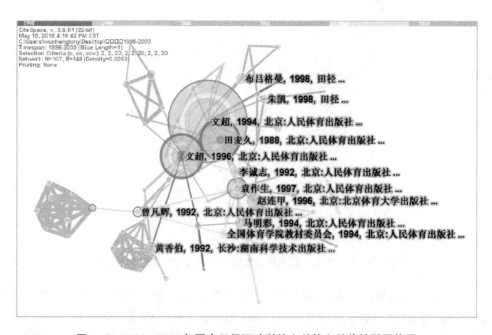

图 4.48　1998—2003 年国内田径运动科技文献的文献共被引网络图

① 1998—2003 年国内田径运动科技文献高被引文献频次分析

如表 4.48 所示,在这一阶段,被引文献排名第一位的是文超 1994 年在人民体育出版社出版的《田径运动高级教程》,其著作被引频次达到 47 次。该文献是 1994 年文超教授著作的一本全国体育学院田径运动专修教材,内容主要包括田径运动技术基础理论,高级田径教师、教练员的基本素质和技能,田径运动员比赛能力的培养,全能运动等。

表 4.49 1998—2003 年国内田径运动科技文献高被引文献频次

文献	被引频次
文 超,1994,田径运动高级教程	47
田麦久,1988,运动训练科学化探索	20
文 超,1996,田径热点论	18
袁作生,1997,现代田径运动科学训练法	12
赵连甲,1996,跳高训练法	9
黄香伯,1992,体育控制理论	9
李诚志,1992,教练员训练指南	8
文 超,1996,田径运动高级教程	7
朱 凯,1998,田径,从雅典世锦赛看现代男女三级跳远技术	7
郝成硕,1982,田径教练员教科书	6

排在第二的是田麦久教授 1988 年在人民体育出版社出版的《运动训练科学化探索》,内容主要包括运动训练科学化导论、运动训练的系统观、现代运动训练的主要发展趋势、运动训练的科学化管理、科学化选材、科学诊断、训练计划的制定与控制、运动负荷与恢复等,具有较高的学术水平和实践价值。

第三名是文超教授 1996 年在人民体育出版社出版的《田径热点论》,主要内容是从田径竞技热点论和田径健身热点论两大部分进行论述,为进一步探索、提高、促进我国田径运动事业发展提供参考。

② 1998—2003 年国内田径运动科技文献高被引文献中心性分析

由表 4.49 可知,文超教授 1994 年在人民体育出版社出版的《田径运动高级教程》的点度中心性最高,点度中心性达到 18.519;文超教授 1996 在人民体育出版社出版的《田径热点论》的点度中心性也达到 11.111,这两个被引文献的被引频次排在第一和第三位,这说明他处在国内田径运动研究领域最核心的位置;其他文献的点度中心性都达到 4.630 以上;中心性排名前 10 的被引文献,说明它们是这一阶段国内田径运动研究领域的核心被引文献,均处于核心位置。结合表 4.49 可以看出,高被引文献的频次与它的点度中心性基本一致。

中间中心性最高的被引文献是文超教授 1994 在人民体育出版社出版的《田径运动高级教程》,它的中间中心性为 40.138,说明它在整个网络完全具备一定控制资源的能力,在学术知识的交流过程中起着一定的桥梁和中介作用,同时,该文献的接近中心性也排在第一位,它的接近中心性达到 21.429,与中间中心性相一致,说明它与其他被引文献的距离较近,同时掌握学术知识的流通方向。

表 4.49　1998—2003 年国内田径运动科技文献高被引文献中心性

文献	点度中心性	文献	中间中心性	文献	接近中心性
文超,1994,田径运动高级教程	18.519	文超,1994,田径运动高级教程	40.138	文超,1994,田径运动高级教程	21.429
文超,1996,田径热点论	11.111	田麦久,1980,运动训练科学探索	10.459	田麦久,1980,运动训练科学探索	20.301
田麦久,1988,运动训练科学探索	9.259	文超,1996,田径热点论	17.181	文超,1996,田径热点论	20.769
袁作生,1997,现代田径运动科学训练法	9.259	袁作生,1997,现代田径运动科学训练法	17.673	袁作生,1997,现代田径运动科学训练法	20.611
李诚志,1992,教练员训练指南	6.481	赵连甲,1996,跳高训练法	1.876	赵连甲,1996,跳高训练法	18.621

③ 1998—2003 年国内田径运动科技文献的文献共被引网络块模型分析

通过 Ucinet 软件中的 CONCOR 程序进行,具体操作过程是 Network Roles and position Structural CONCOR,分析结果如图 4.49 所示。

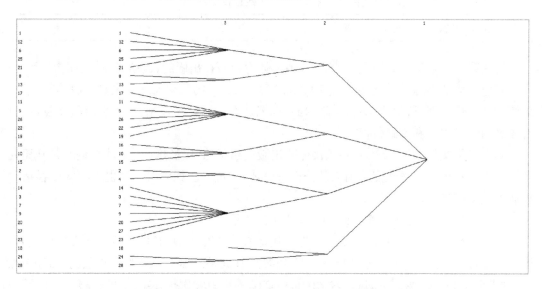

图 4.49　1998—2003 年国内田径运动科技文献的文献共被引网络树形图

如图 4.49 所示,国内田径运动研究文献群体主要分为 8 块:群体①是以文献 1(文超,1994,人民体育出版社出版,田径运动高级教程)和文献 6(黄香伯,1992,湖南科学技术出版社,体育控制理论)为代表的文献群;群体②是以文献 8(文超,1996,人民体育出版社出版,田径运动高级教程)和文献 13(李诚志,1985,中国体育科技,短跑攻关技术诊断报告)为代表的文献群;群体③是以文献 5(赵连甲,1996,北京体育大学出版社,跳高训练法)和文献 11(曾凡辉,1992,人民体育出版社,运动员科学选材)为代表的文献群;群体④是以文献 10

(曾凡辉,1992,人民体育出版社,运动员科学选材)和文献 15(郝成硕,1982,人民体育出版社,田径教练员教科书)为代表的文献群;群体⑤是以文献 2(田麦久,1988,人民体育出版社,运动训练科学化探索)和文献 4(袁作生,1997,人民体育出版社,现代田径运动科学训练法)为代表的文献群;群体⑥是文献 3(文超,1996,人民体育出版社,田径热点论)和文献 7(李诚志,1992,人民体育出版社,教练员训练指南)为代表的文献群,本文献群共有成员 7 个,是最大的文献群;群体⑦是以文献 18(李良标,1991,北京体育学院出版社,运动生物力学)为代表的文献群;群体⑧是以文献 24(赵国雄,1993,跳远助跑速度利用率的研究)和文献 28(骆建,2001,成都体育学院学报,短跑运动力量提高属性及训练原则)为代表的文献群。

通过 Ucinet 统计高被引文献网络密度矩阵,结果发现,群体之间对角线的值按照大小排列为 5(2)>2(1)>3(0.533)>1(0.1)>6(0.048)>4,7,8(0),群体⑤对角线的值最大,群体②次之,意味着群体⑤和群体②之间的知识流动相对比较流畅,交流比较活跃;群体④、群体⑦和群体⑧的对角线值为 0,说明它们内部之间不存在合作交流和专业领域对话。通过 Ucinet 计算整个网络的密度值为 0.172 0,将大于 0.172 0 的值改为 1,小于 0.172 0 的值改为 0,得到像矩阵,分析得到的完全是一个对角线矩阵。

(2) 2004—2009 年国内田径运动科技文献的文献共被引网络分析

打开 CitespaceⅢ软件,将下载的 2004—2009 年的文献信息数据导入到 CitespaceⅢ软件中,将网络节点选择为"Cited References"。参数设置:时区分割(Time Slicing)设置为 2004—2009,时间切片(Years Per Slice)为 1 年;阈值设置(2,2,20)、(2,2,20)、(2,2,20),表示被引文献满足出现次数大于 2、共现次数大于 2、词间相似系数大于 0.20 这三个条件,点击"运行"开始分析,最后通过可视化的功能生成文献共被引网络图谱(见图 4.50)。如图 4.50 所示,共有节点 193 个,连线 179 条。通过 CitespaceⅢ计算出来的网络密度为 0.009 7,网络比较稀疏。

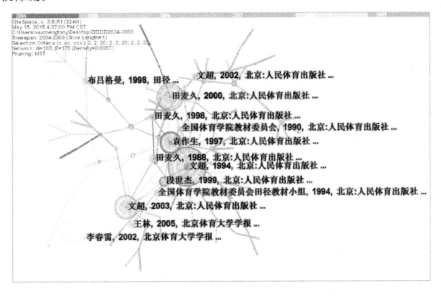

图 4.50　2004—2009 年国内田径运动科技文献的文献共被引网络图

① 2004—2009 年国内田径运动科技文献高被引文献频次分析

如表 4.50 所示,在这一阶段,被引文献排名第一位的是文献 1(文超,1994,人民体育出版社,田径运动高级教程),其著作被引频次达到 34 次。排在第二的是文献 2(田麦久,2000,人民体育出版社,运动训练学),该书力求更好地从一般训练学总结和归纳国内外运动训练实践的新知识,并首次将项群训练理论纳入该教材中。第三名是文献 3(文超,2003,人民体育出版社,田径运动高级教程),该教材主要是介绍当今世界田径运动的新形势、理论成果以及我国田径运动教学训练的成功经验。这些文献承担着 2004—2009 年这一阶段国内田径运动研究的知识基础的主要角色,这些著作或论文与田径运动密不可分,已引起田径领域学者的高度关注。

表 4.50　2004—2009 年国内田径运动科技文献高被引文献频次

文献	被引频次
文　超,1994,田径运动高级教程	34
田麦久,2000,运动训练学	24
文　超,2003,田径运动高级教程	20
袁作生,1997,现代田径运动科学训练法	18
田麦久,1988,运动训练科学化探索	10
田径教材小组,1994,田径运动高级教程	6
王　林,2005,我国竞走备战 2008 北京奥运会实力分析	6
李诚志,1992,教练员训练指南	5
茅　鹏,1994,运动训练新思路	5
徐本力,1990,运动训练学	5

② 2004—2009 年国内田径运动科技文献高被引文献中心性分析

由表 4.51 可知,文献③(文超,2003,人民体育出版社,田径运动高级教程)的点度中心性最高,点度中心性达到 26.667;文献 2(田麦久,2000,人民体育出版社,运动训练学),它的点度中心性也达到 20.000,这说明它们在国内田径运动研究领域最核心的位置;其他文献的点度中心性都达到 8.889 以上;中心性排名前 10 的被引文献,说明它们是这一阶段国内田径运动研究领域的核心被引文献,均处于核心位置。结合表 4.50 可以看出,高被引文献的频次与它的点度中心性基本一致。

中间中心性排名前 10 的文献,中间中心性最高的被引文献是文献 3(文超,2003,人民体育出版社,田径运动高级教程),它的中间中心性都为 32.381,说明它在整个网络中完全具备一定控制资源的能力,在学术知识的交流过程中起着一定的桥梁和中介作用,同时,该文献的接近中心性也排在第一位,它的接近中心性也达到 30.612,可以看出,它与其他被引文献的距离较近,同时掌握学术知识的流通方向。

表 4.51　2004—2009 年国内田径运动科技文献高被引文献中心性

文献	点度中心性	文献	中间中心性	文献	接近中心性
文超,2003,田径运动高级教程	26.667	文超,2003,田径运动高级教程	32.381	文超,2003,田径运动高级教程	30.612
田麦久,2000,运动训练学	20.000	田麦久,2000,运动训练学	16.349	田麦久,2000,运动训练学	28.846
袁作生,1997,现代田径运动科学训练法	20.000	袁作生,1997,现代田径运动科学训练法	16.032	袁作生,1997,现代田径运动科学训练法	28.846
田麦久,1988,运动训练科学化探索	17.778	田麦久,1988,运动训练科学化探索	6.667	田麦久,1988,运动训练科学化探索	28.302
王林,2005,我国竞走备战 2008 北京奥运会实力分析	11.111	王林,2005,我国竞走备战 2008 北京奥运会实力分析	2.222	王林,2005,我国竞走备战 2008 北京奥运会实力分析	27.273

③ 2004—2009 年国内田径运动科技文献的文献共被引网络块模型分析

通过 Ucient 软件中的 CONCOR 程序进行,具体操作过程是 Network Roles and Position Structural CONCOR,分析结果如图 4.51 所示。

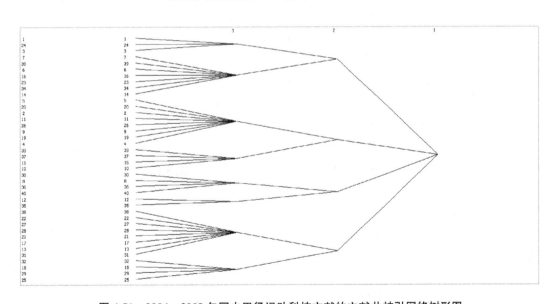

图 4.51　2004—2009 年国内田径运动科技文献的文献共被引网络树形图

如图 4.51 所示,国内田径运动研究文献群体主要分为 8 块,群体①是以文献 1(文超,1994,人民体育出版社,田径运动高级教程)和文献 3(文超,2003,人民体育出版社,田径运动高级教程)为代表的文献群;群体②是以文献 6(全国体育学院教材委员会田径教材小组,1994,人民体育出版社,田径运动高级教程)和文献 7(王林,2005,北京体育大学学报,我国竞走备战2008北京奥运会实力分析)为代表的文献群;群体③是以文献2(田麦久,2000,北京:人民体育出版社,运动训练学)、文献5(田麦久,1988,人民体育出版社,运动训练科学化探索)为代表的文献群;群体④是以文献10(徐本力,1990,山东教育出版社,运动训练学)和文献15(马启伟,1998,浙江教育出版社,体育运动心理学)为代表的文献群;群体⑤是以文献8(李诚志,1992,人民体育出版社,教练员训练指南)和文献30(Arbeit Ekkart, 1998, New Study in Athletics, Principles of the Multi—year Training Process)为代表的文献群;群体⑥是文献12(田麦久,1998,人民体育出版社,项群训练理论)和文献35(吴叶海,2003,上海体育学院学报,中长跑间歇训练中分段距离练习速度的实验研究)为代表的文献群,本文献群共有成员7个,是最大的文献群;群体⑦是以文献13(文超,2002,人民体育出版社,田径运动高级教程)和文献17(李春雷,2003,北京体育大学学报,从世界三大田径赛事和全运会田径比赛看我国田径实力及今后努力方向)为代表的文献群;群体⑧是以文献18(王琨,2000,中国体育科技,中国与世界优秀女子跳高运动员起跳技术生物力学对比分析)和文献25(李春雷,2001,北京体育大学,对中国竞技田径运动可持续发展的研究)为代表的文献群。

通过Ucinet统计高被引文献网络密度矩阵,结果发现,群体之间对角线的值按照大小排列为5(1.833)>1,2(0.667)>3,7(0.667)>4,6,8(,0),群体⑤对角线的值最大,群体①、群体②次之,意味着群体⑤和群体①、群体②之间的知识流动相对比较流畅,交流比较活跃;群体④、群体⑥和群体8的对角线值为0,说明它们内部之间不存在合作交流和专业领域对话。通过Ucinet计算整个网络的密度值为0.125,将大于0.125 6的值改为1,小于0.125 6的值改为0,得到像矩阵,分析得到的完全是一个对角线矩阵。

(3) 2010—2014年国内田径运动科技文献共被引网络分析

打开CitespaceⅢ软件,将下载的2010—2014年的文献信息数据导入到CitespaceⅢ软件中,将网络节点选择为"Cited References"。参数设置:时区分割(Time Slicing)设置为2010—2014,时间切片(Years Per Slice)为1年;阈值设置(2,2,20)、(2,2,20)、(2,2,20),表示被引文献满足出现次数大于2,共现次数大于2,词间相似系数大于0.20这三个条件,点击"运行"开始分析,最后通过可视化的功能生成文献共被引网络图谱(见图4.52)。如图4.52所示,共有节点52个,连线45条。通过CitespaceⅢ计算出来的网络密度为0.033 9,表明网络比较稀疏。

① 2010—2014年国内田径运动科技文献高被引文献频次分析

如表4.52所示,在这一阶段,被引文献排名第一位的是文献1(文超,2003,人民体育出版社出版,田径运动高级教程)。其著作被引频次达到24次。排在第二的是文献2(田麦久,2000,运动训练学,人民体育出版社)。第三是文献3(王林,2007,北京体育大学学报,我国高水平20 km竞走运动员技术的研究)。该研究主要是通过对我国20 km竞走运动的主要技术环节进行生物力学分析,对目前技术上存在的问题进行具体分析,为提高运动员的运动成绩和运动技术提供帮助。可以看出,这些文献承担着2010—2014这一阶段国内田径运动研究的知识基础的主要角色,这些著作或论文与田径运动密不可分,已引起田径领域学者的高度关注。

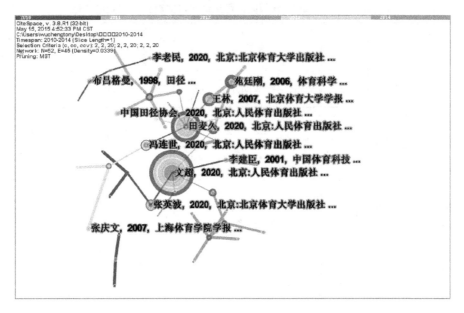

图 4.52 2010—2014 年国内田径运动科技文献的文献共被引网络图

表 4.52 2010—2014 年国内田径运动科技文献高被引文献频次

文献	出现频次
文　超，2002，田径运动高级教程	24
田麦久，2000，运动训练学	17
王　林，2007，我国高水平 20 km 竞走运动员技术的研究	6
张英波，2003，掷铁饼:现代投掷技术与训练	6
李建臣，2001，对李少杰掷铁饼技术的三维运动学分析	5
苑廷刚，2006，十运会男、女 20 km 竞走前 5 名运动员运动技术分析	5
刘思峰，2004，灰色系统理论及其应用	4
李少丹，2005，运动竞赛学	4
张庆文，2007，从我国竞走队训练析耐力项群的负荷特征	4
冯连世，2003，优秀运动员身体机能评定方法	4

② 2010—2014 年国内田径运动科技文献高被引文献中心性分析

由表 4.53 可知，文献 1(文超，2002，人民体育出版社，田径运动高级教程)的点度中心性最高，点度中心性达到 21.875；文献 3(王林，2007，北京体育大学学报，我国高水平 20 km 竞走运动员技术的研究)的点度中心性也达到 15.625，这说明它们在国内田径运动研究领域最核心的位置；其他文献的点度中心性都达到 7.813 以上；中心性排名前 10 的被引文献，说明它们是这一阶段国内田径运动研究领域的核心被引文献，均处于核心位置。结合表 4.52，可以看出，高被引文献的频次与它的点度中心性基本一致。

表 4.53 2010—2014 年国内田径运动科技文献被引文献中心性

文献	点度中心性	文献	中间中心性	文献	接近中心性
文超,田径运动高级教程	21.875	文超,田径运动高级教程	48.754	文超,田径运动高级教程	38.554
王林,我国高水平 20 km 竞走运动员技术的研究	15.625	田麦久,运动训练学	30.901	王林,我国高水平 20 km 竞走运动员技术的研究	36.782
李建臣,对李少杰掷铁饼技术的三维运动学分析	11.719	王林,我国高水平20 km 竞走运动员技术的研究	13.764	张庆文,从我国竞走队训练析耐力项群的负荷特征	36.782
刘思峰,灰色系统理论及其应用	11.719	张庆文,从我国竞走队训练析耐力项群的负荷特征	13.764	田麦久,运动训练学	33.684
张庆文,从我国竞走队训练析耐力项群的负荷特征	10.156	苑廷刚,十运会男、女20 km竞走前 5 名运动员运动技术分析	1.437	苑廷刚,十运会男、女20 km竞走前 5 名运动员运动技术分析	33.333

中间中心性排名第一、第二的是文献 1 和文献 2,这与文献频次排序相同。它们的中间中心性分别达到 48.754、30.901,说明它们在整个网络中具备一定控制资源的能力,在学术知识的交流过程中起着一定的桥梁和中介作用,同时,它们的接近中心性也排在第一位和第四位,可以看出,它们与其他被引文献的距离较近,同时也掌握学术知识的流通方向。

③ 2010—2014 年国内田径运动科技文献共被引网络块模型分析

通过 Ucinet 软件中的 CONCOR 程序进行,具体操作过程是 Network Roles and position Structural CONCOR,分析结果如图 4.53 所示。如图 4.53 所示,国内田径运动研究文献群体主要分为 8 块:群体①是文献 1(文超,田径运动高级教程,人民体育出版社)单个文献群;群体②是以文献 4(张英波,2003,掷铁饼:现代投掷技术与训练,北京体育大学出版社)和文献 5(王林,2005,北京体育大学学报,我国竞走备战 2008 北京奥运会实力分析)为代表的文献群;群体③是以文献 11(李老民,田径运动教程,北京体育大学出版社)、文献 28(赵连甲,跳高训练法,北京体育大学出版社)为代表的文献群;群体④是文献 4 单个文献;群体⑤是以文献 2(田麦久,运动训练学,人民体育出版社)和文献 8(李少丹,运动竞赛学,北京体育大学出版社)为代表的文献群,本文献群共有成员 8 个,是最大的文献群;群体⑥是文献 7(刘思峰,科学出版社,灰色系统理论及其应用)和文献 16(中国田径协会,人民体育出版社,田径竞赛规则)为代表的文献群;群体⑦是以文献 6(苑廷刚,体育科学,十运会男、女20km 竞走前 5 名运动员运动技术分析)和文献 9(张庆文,2007,上海体育学院学报,从我国竞走队训练析耐力项群的负荷特征)为代表的文献群;群体⑧是以文献 24(宗华敬,2005,天津体育学院学报,我国现役优秀女子竞走运动员关键技术的运动生物力学研究)

和文献 29(王晏,2007,西安体育学院学报,第 28 届奥运会我国竞走运动员比赛失利的多因素分析)为代表的文献群。

通过 Ucinet 统计高被引文献网络密度矩阵,结果发现,群体之间对角线的值按照大小排列为,8(2)>7(1.733)>2(1.19)>6(0.6)>5(0.536)>3(0.333)>1,4(0),群体⑧对角线的值最大,群体⑦次之,意味着群体⑧和群体⑦之间的知识流动相对比较流畅,交流比较活跃;群体①、群体④的对角线值为 0,说明它们内部之间不存在合作交流和专业领域对话。通过 Ucinet 计算整个网络的密度值为 0.248 1,将大于 0.248 1 的值改为 1,小于 0.248 1 改为 0,得到像矩阵,分析得到的完全是一个对角线矩阵。

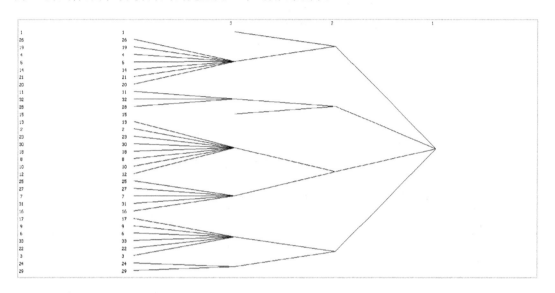

图 4.53　2010—2014 年国内田径运动科技文献的文献共被引树形图

3) 国内田径运动科技文献作者共被引网络分析

(1) 1998—2003 年国内田径运动科技文献作者共被引网络分析

打开 CitespaceⅢ软件,将下载的 1998—2003 年的文献信息数据导入到 CitespaceⅢ软件中,将网络节点选择为"Cited Author"。参数设置:时区分割(Time Slicing)设置为 1998—2003,时间切片(Years Per Slice)为 1 年;阈值设置(2,2,20)、(2,2,20)、(2,2,20),表示被引作者满足出现次数大于 2、共现次数大于 2、词间相似系数大于 0.20 这三个条件,点击"运行"开始分析,最后通过可视化的功能生成作者共被引网络图谱(见图 4.54)。如图 4.54 所示,共有节点 150 个,连线 421 条,可以看出网络节点之间连线比较密切,作者之间知识流动也比较畅通。网络密度表示的是节点之间关联的紧密程度,在作者共被引网络中,网络密度越大,说明作者之间的联系越密切,研究越接近,通过 CitespaceⅢ计算出来的网络密度为 0.037 7,表明网络比较稀疏。

① 1998—2003 年国内田径运动科技文献高被引作者频次分析

本文依据被引频次的高低来确定国内田径运动研究者影响力的高低。限于篇幅,本文在数据库中选取排名前 18 位高被引作者,如表 4.54 所示。在这一阶段,高被引作者排名前 5 的是文超、田麦久、袁作生、李诚志、骆建。可以看出这些学者承担着国内田径运动研究的主要角色,他们承担的研究与田径运动密不可分,已引起领域内学者的高度关注。

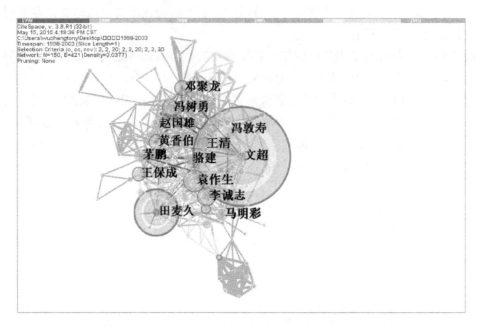

图 4.54　1998—2003 年国内田径运动科技文献作者共被引网络图

表 4.54　1998—2003 年国内田径运动科技文献共被引作者频次

作者	被引频次	作者	被引频次
文　超	93	赵连甲	14
田麦久	42	阚福林	14
袁作生	22	王　清	14
李诚志	21	茅　鹏	13
骆　建	21	黄香伯	13
冯树勇	17	冯敦寿	11
邓聚龙	16	马明彩	11
王保成	16	朱　凯	9
赵国雄	15	徐本力	9

田麦久是我国现代运动训练理论的创始人之一，提出并建立项群训练理论。其代表著作有《运动训练科学化探索》《论运动训练过程》《论周期性耐力项目的多种竞技能力》《项群训练理论》《论运动训练计划》《运动训练学》等。

② 1998—2003 年国内田径运动科技文献高被引作者中心性分析

由表 4.55 可知，文超、田麦久的点度中心性分别排在第一、第二，这与他们被引频次相一致，说明这两位作者处在田径运动研究领域最核心的位置；其他作者的点度中心性都达到 5.300 以上；中心性排名前 10 的作者，说明他们是这一阶段国内田径运动研究领域的核心作者，均处于核心位置。

中间中心性排名第一的是频次排名第一的文超,第二是田麦久,他们在整个网络中具备较强控制资源的能力,在学术知识的交流过程中起着重要的桥梁和中介作用。接近中心性排名前两位的依然是文超和田麦久,说明他们与其他作者距离较近,同时掌握学术知识的流通方向。

表 4.55　1998—2003 年国内田径运动科技文献中心性排名前 10 位高被引作者

作者	点度中心性	作者	中间中心性	作者	接近中心性
文　超	23.272	文　超	30.591	文　超	83.784
田麦久	13.825	田麦久	8.024	田麦久	67.391
袁作生	10.829	袁作生	5.646	袁作生	65.957
李诚志	10.369	李诚志	2.958	李诚志	62.000
骆　建	9.677	骆　建	0.247	骆　建	54.386
冯树勇	7.143	冯树勇	4.843	冯树勇	64.583
茅　鹏	6.912	邓聚龙	0.000	邓聚龙	48.438
王　清	5.991	王保成	4.271	王保成	63.265
王保成	5.760	赵国雄	1.416	赵国雄	54.386

③ 1998—2003 年国内田径运动科技文献作者共被引网络块模型分析

通过 Ucinet 软件中的 CONCOR 程序进行分析,结果如图 4.55 所示。1998—2003 年国内田径运动研究作者知识群体主要分为 8 块:群体①是由文超、袁作生组成的作者群;群体②是以赵连甲、茅鹏等为代表的作者群;群体③是由全国体育学院教材委员会和孙有平

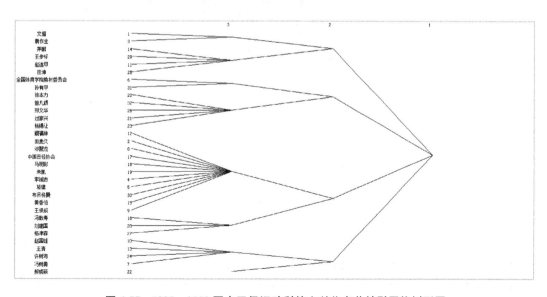

图 4.55　1998—2003 国内田径运动科技文献作者共被引网络树形图

组成的作者群;群体④是以徐本力、过家兴为代表的作者群;群体⑤是以田麦久、李诚志为代表的作者群,是影响力最大的作者群;群体⑥是由冯敦寿、杨津森等组成的作者群;群体⑦是由冯树勇和赵国雄等组成的作者群;群体⑧是郝成硕单个作者。

通过 Ucinet 统计作者共被引网络密度矩阵,结果发现,群体之间对角线的值按照大小排列为 1(6)＞7(3.333)＞2(2.167)＞6(2)＞3,4(1)＞5(0.673)＞8(0),群体①对角线的值最大,群体⑦次之,意味着群体①和群体⑦之间的知识流动相对比较流畅,交流比较活跃;群体⑧的对角线值为 0,说明内部之间不存在合作交流和专业领域对话。

(2) 2004—2009 年国内田径运动科技文献作者共被引网络分析

打开 CitespaceⅢ软件,将下载的 2004—2009 年的文献信息数据导入到 CitespaceⅢ软件中,将网络节点选择为"Cited Author"。参数设置:时区分割(Time Slicing)设置为 2004—2009,时间切片(Years Per Slice)为 1 年;阈值设置(2,2,20)、(2,2,20)、(2,2,20),表示被引作者满足出现次数大于 2、共现次数大于 2、词间相似系数大于 0.20 这三个条件,点击"运行"开始分析,最后通过可视化的功能生成作者共被引网络图谱(见图 4.56)。如图 4.56 所示,共有节点 99 个,连线 335 条,可以看出网络节点之间连线比较密切,作者之间知识流动也比较畅通。通过 CitespaceⅢ计算出来的网络密度为 0.011 4。

图 4.56　2004—2009 年国内田径运动科技文献作者共被引网络图

① 2004—2009 年国内田径运动科技文献高被引作者频次分析

限于篇幅,本文在数据库中选取排名前 18 位高被引作者,如表 4.56 所示。在这一阶段,高被引作者排名前 5 的是文超、田麦久、王保成、袁作生、李春雷。可以看出,这些学者承担着国内田径运动研究的主要角色,他们承担的研究与田径运动密不可分,已引起领域内学者的高度关注。文超教授历任西安体育学院院长、中国田径协会副会长,其代表作有《田径运动高级教程》《田径运动热点论》《中国田径运动百年》,等等。

表 4.56　2004—2009 年国内田径运动科技文献高被引作者频次

作者	被引频次	作者	被引频次
文　超	76	骆　建	16
田麦久	61	徐本力	15
王保成	26	李建臣	15
袁作生	23	刘建国	14
李春雷	21	冯连世	14
宗华敬	19	李诚志	13
王　林	18	曹景伟	12
王　倩	18	张玉泉	12
张英波	17	王志强	11

② 2004—2009 年国内田径运动科技文献高被引作者中心性分析

由表 4.57 可知，文超、田麦久的点度中心性分别排在第一、第二，这与他们被引频次相一致，说明这两位作者处在国内田径运动研究领域最核心的位置；其他作者的点度中心性都达到 6.481 以上；中心性排名前 10 位的作者，说明他们是这一阶段国内田径运动研究领域的核心作者，均处于核心位置。

表 4.57　2004—2009 年国内田径运动科技文献高被引作者中心性

作者	点度中心性	作者	中间中心性	作者	接近中心性
文　超	21.481	文　超	17.508	文　超	90.909
田麦久	19.259	田麦久	12.148	田麦久	85.714
宗华敬	11.852	王保成	3.015	王保成	66.667
李建臣	10.000	袁作生	4.943	袁作生	69.767
李诚志	9.630	李春雷	0.756	李春雷	57.692
袁作生	8.889	宗华敬	1.752	宗华敬	66.667
王志强	8.333	王　林	2.629	王　林	62.500
王保成	8.333	王　倩	0.336	王　倩	58.824
王　林	7.222	张英波	2.154	张英波	63.830

中间中心性排名第一的是频次排名第一的文超，第二是田麦久，他们在整个网络中具备较强控制资源的能力，在学术知识的交流过程中起着重要的桥梁和中介作用。接近中心性排名前两位的依然是文超和田麦久，说明他们与其他作者距离较近，同时掌握学术知识的流通方向。

③ 2004—2009年国内田径运动科技文献作者共被引网络块模型分析

通过Ucinet软件中的CONCOR程序进行分析,结果如图4.57所示。2004—2009年国内田径运动研究作者知识群体主要分为8块:群体①是以文超、全国体育学院教材委员会等为代表的作者群;群体②是以刘建国、肖林鹏等为代表的作者群;群体③是以宗华敬和王林等为代表的作者群;群体④是冯连世单个作者群;群体⑤是由田麦久、李春雷组成的作者群,是影响力最大的作者群;群体⑥是袁作生、徐本力等组成的作者群;群体⑦是由王保成和茅鹏组成的作者群;群体⑧是以骆建和李诚志为代表的作者群。

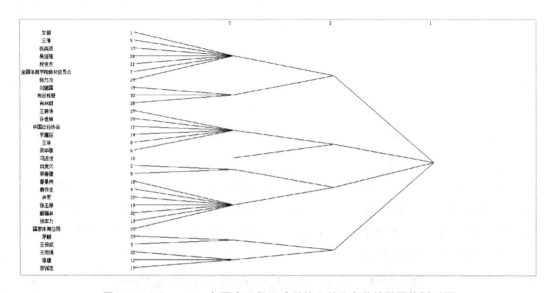

图4.57　2004—2009年国内田径运动科技文献作者共被引网络树形图

通过Ucinet统计作者共被引网络密度矩阵,结果发现,群体之间对角线的值按照大小排列为8(12.333)＞3(4.467)＞2(2.667)＞1(2.524)＞7(2)＞5(1)＞6(0.857)＞4(0),群体⑧对角线的值最大,群体③次之,意味着群体⑧和群体③之间的知识流动相对比较流畅,交流比较活跃;群体④的对角线值为0,说明内部之间不存在合作交流和专业领域对话。

(3) 2010—2014年国内田径运动科技文献作者共被引网络分析

打开CitespaceⅢ软件,将下载的2010—2014年的文献信息数据导入到CitespaceⅢ软件中,将网络节点选择为"Cited Author"。参数设置:时区分割(Time Slicing)设置为2010—2014,时间切片(Years Per Slice)为1年;阈值设置(2,2,20)、(2,2,20)、(2,2,20),表示被引作者满足出现次数大于2、共现次数大于2、词间相似系数大于0.20这三个条件,点击"运行"开始分析,最后通过可视化的功能生成作者共被引网络图谱(见图4.58)。如图4.58所示,共有节点99个,连线335条,可以看出网络节点之间连线比较密切,作者之间知识流动也比较畅通。网络密度表示的是节点之间关联的紧密程度,在作者共被引网络中,网络密度越大,说明作者之间的联系越密切,研究越接近。通过CitespaceⅢ计算出来的网络密度为0.028 5,表明网络比较稀疏。

① 2010—2014年国内田径运动科技文献高被引作者频次分析

选取排名前18位高被引作者,如表4.58所示。在这一阶段,高被引作者排名前5的是

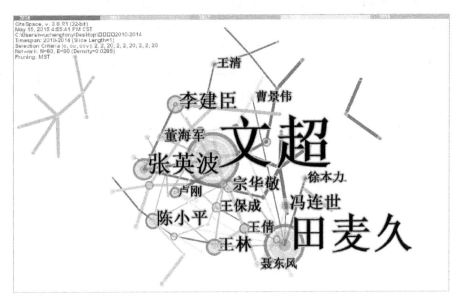

图 4.58　2010—2014 年国内田径运动科技文献作者共被引网络图

文超、田麦久、张英波、王林、冯连世。可以看出,这些学者承担着国内田径运动研究的主要角色,他们承担的研究与田径运动密不可分,已引起领域内学者的高度关注。

表 4.58　2010—2014 年国内田径运动科技文献作者共被引频次

作者	被引频次	作者	被引频次
文　超	33	王　晏	8
田麦久	27	王保成	7
张英波	15	曹景伟	7
王　林	14	Morgan D W	7
冯连世	13	聂东风	7
李建臣	13	王　倩	7
陈小平	11	徐本力	7
董海军	10	孙有平	6
宗华敬	10	王　清	6

② 2010—2014 年国内田径运动科技文献高被引作者中心性分析

由表 4.59 可知,文超、王林的点度中心性分别排在第一、第二,说明这两位作者处在田径运动研究领域最核心的位置;其他作者的点度中心性都达到 5.707 以上;中心性排名前 10 的作者,说明他们是这一阶段国内田径运动研究领域的核心作者,均处于核心位置。

表 4.59　2010—2014 年国内田径运动科技文献被引作者中心性

作者	点度中心性	作者	中间中心性	作者	接近中心性
文　超	16.377	文　超	28.400	文　超	43.662
王　林	13.151	田麦久	13.598	田麦久	38.272
李建臣	11.166	王　林	3.261	王　林	38.272
宗华敬	9.926	李建臣	2.770	张英波	36.905
田麦久	9.429	张英波	2.373	李建臣	36.471
张英波	9.181	陈小平	2.186	董海军	35.227
聂东风	8.437	董海军	0.887	宗华敬	35.227
王　晏	8.437	冯连世	0.768	冯连世	32.632
董海军	6.203	宗华敬	0.525	陈小平	31.313

中间中心性排名第一的是频次排名第一的文超,第二是田麦久,他们在整个网络中具备较强控制资源的能力,在学术知识的交流过程中起着重要的桥梁和中介作用。接近中心性排名前两位的依然是文超和田麦久,说明他们与其他作者距离较近,同时掌握学术知识的流通方向。

③ 2010—2014 年国内田径运动科技文献作者共被引网络块模型分析

通过 Ucinet 软件中的 CONCOR 程序进行分析,结果如图 4.59 所示。2010—2014 年国内田径运动研究作者知识群体主要分为 8 块,群体①是以文超、张英波等为代表的作者群;群体②是以卢刚等为代表的作者群;群体③是以王林和宗华敬等为代表的作者群;群体④是由林明和刘大庆组成的作者;群体⑤是由田麦久、中国田径协会等组成的作者群;群体⑥是由冯连世、陈小平等组成的作者群;群体⑦是由 Morgan D W 和王健组成的作者群。

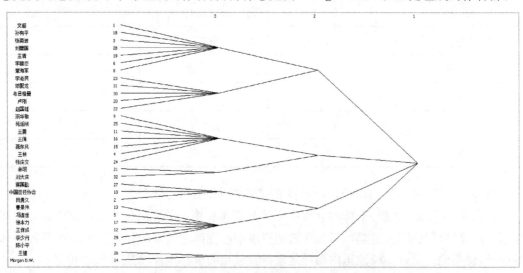

图 4.59　2010—2014 年国内田径运动科技文献作者共被引网络树形图

通过 Ucinet 统计作者共被引网络密度矩阵,结果发现,群体之间对角线的值按照大小排列为 3(4.143)＞1(3.571)＞6(2.333)＞7(0.467)＞2(0.4)＞4,5(0),群体③对角线的值最大,群体①次之,意味着群体③和群体①之间的知识流动相对比较流畅,交流比较活跃;群体④和群体⑤的对角线值为 0,说明他们内部之间不存在合作交流和专业领域对话。

4.3.3 小结

1) 国外部分

从期刊共被引网络来看,网络密度均为 0.9 以上,网络密度较大,说明期刊之间联系较为密切,其中 MED SCI SPORT EXER 是国外田径运动研究被引频次最高的期刊,它的点度中心性也最高,说明它在国外田径运动研究中处于核心地位;虽然具备较高的点度中心性,但不具备较好的资源控制能力;从块模型来看,以 MED SCI SPORT EXER 为代表的群体规模最大,它们之间内外部交流是一个不断增加的过程。

从文献共被引网络来看,Dill D B(1974)发表在 J APPL PHYSIOL 上的一篇论文是第一阶段和第二阶段的高被引文献;Morgan(1989)发表在 MED SCI SPORT EXER 上的一篇论文是第三阶段的高被引文献;高被引文献的点度中心性都较高,说明这些文献在田径运动研究中处于最核心地位;它们的中间中心性和接近中心性都较高,说明它们具备较强的控制资源的能力,同时掌握着学术知识的流通方向;从块模型来看,各群体内外部之间知识流动较为畅通。

从作者共被引网络来看,作者 Costill D L、Lucia A、Knechtle B 分别是三个阶段高被引作者,他们点度中心性、中间中心性和接近中心性也较高,说明这三位作者具备一定控制资源的能力,同时掌握着田径运动研究知识流动的方向;从块模型来看,作者共被引网络内部交流较为频繁,而外部交流却越来越少。

2) 国内部分

从期刊共被引网络来看,《田径》《北京体育大学学报》《体育科学》《中国体育科技》是国内田径运动研究高频次被引期刊;它们点度中心性、中间中心性和接近中心也较高,说明这些期刊在国内田径运动研究中处于最核心地位,掌握着国内田径运动研究知识流动的方向;从块模型来看,期刊共被引网络内外部交流合作是越来越好。

从文献共被引网络来看,1994 年人民体育出版社出版的《田径运动高级教程》是前两个阶段排在第一的高被引文献,2003 年人民体育出版社出版的《田径运动高级教程》是第三个阶段排在第一的高被引文献,它们的点度中心性、中间中心性和接近中心性都较高,说明他们在国内田径运动研究中处于核心地位,掌握着国内田径运动研究知识流动的方向;从块模型来看,文献共被引网络内外部交流合作也是越来越好。

从作者共被引网络来看,文超、田麦久是国内田径运动研究排在前两位的高被引作者,他们的点度中心性、中间中心性和接近中心性排在前两位,说明他们是国内田径运动研究的核心作者,掌握着田径运动研究知识流动的方向;从块模型来看,国内田径运动研究各群体之间内外部交流是越来越少。

3) 差异

从知识基础来看,Dill D B(1974)发表在 J APPL;PHYSIOL 的一篇论文和 Morgan

(1989)发表在 Med Sci Sport Exer 的一篇论文是国外田径运动研究的经典文献;从国内看，1994 年人民体育出版社出版的《田径运动高级教程》、2003 年人民体育出版社出版的《田径运动高级教程》是国内田径运动研究的经典著作。国内外田径运动研究形成了自己特有的知识基础，他们之间知识流动较少。

4.4 田径运动科技文献的知识主题图谱分析

知识是由概念来表述的，概念又是由词语来体现。知识主题实际上是由学科、领域和专业的关键词或者主题词形成的共词网络，它可以反映该学科、领域或专业的知识结构及其演化特征。国内外田径运动研究的知识主题是通过国内外田径运动研究的关键词形成共词网络，构建国内外田径运动研究的知识结构。本节通过三个阶段对田径运动研究主题进行识别，再从整体上对田径运动科技文献知识主题进行识别。

4.4.1 国外田径运动科技文献的知识主题图谱分析

1) 1998—2003 年国外田径运动科技文献的知识主题图谱

（1）高频关键词的遴选和矩阵的生成

本节采用共词分析方法，对国外田径运动研究的知识主题进行分析。首先统计高频关键词。本文基于 Donohue(1973) 的模型，建立高频低频词判断公式，以确定国外田径运动研究的高频关键词或主题词。由于 Sati 软件具备词频统计的功能，将下载好的数据导入到软件中，进行高频关键词的统计(见表 4.60)。

表 4.60　1998—2003 年国外田径运动科技文献高频关键词

序号	关键词	频次	序号	关键词	频次
1	exercise	294	11	endurance exercise	64
2	running	184	12	triathlon	62
3	training	132	13	cortisol	58
4	performance	122	14	athletics	56
5	fatigue	86	15	lactate	54
6	heart rate	80	16	aging	54
7	oxygen uptake	74	17	rehabilitation	52
8	biomechanics	72	18	testosterone	50
9	oxygen consumption	68	19	endurance training	50
10	endurance	68	20	cycling	48

将 50 个关键词两两组合，形成 50×50 的共现矩阵(见表 4.61)。矩阵的横向数据 1~10 就是表带纵向关键词 exercise 到 endurance，为了节约篇幅，以数字代替，下文的国内田径运动研究高频关键词共现矩阵也是如此。

表 4.61　1998—2003 年国外田径运动科技文献高频关键词共现矩阵(前 10×10)

关键词	1	2	3	4	5	6	7	8	9	10
exercise	146	6	10	7	2	4	5	1	7	7
running	6	92	6	3	6	3	8	5	5	3
training	10	6	66	10	3	2	5	3	2	5
performance	7	3	10	61	1	2	4	0	1	3
fatigue	2	6	3	1	43	0	4	2	0	2
heart rate	4	3	2	2	0	40	2	0	5	0
oxygen uptake	5	8	5	4	4	2	37	1	0	2
biomechanics	1	5	3	0	2	0	1	36	0	0
oxygen cons	7	5	2	1	0	5	0	0	34	0
endurance	7	3	5	3	2	0	2	0	0	34

为了消除共词频次造成的影响,用 Ochiia 系数将共现矩阵转换为斯皮尔曼相似矩阵。由于相似矩阵容易造成分析结果的误差过大,为了方便下一步骤的处理,用 1 减去相似矩阵中的数据,得到了两次相异程度的相异矩阵(见表 4.62)。本文后面的因子分析、聚类分析和多维尺度分析都是以相异矩阵为基础的。

表 4.62　1998—2003 年国外田径运动科技文献高频关键词相异矩阵(前 10×10)

关键词	1	2	3	4	5	6	7	8	9	10
exercise	0	0.997 3	0.989 6	0.994 5	0.999 4	0.997 3	0.995 4	0.999 8	0.990 1	0.990 1
running	0.997 3	0	0.994 1	0.998 4	0.990 9	0.997 6	0.981 2	0.992 5	0.992	0.997 1
training	0.989 6	0.994 1	0	0.975 2	0.996 8	0.998 5	0.989 8	0.996 2	0.998 2	0.988 9
performance	0.994 5	0.998 4	0.975 2	0	0.999 6	0.998 4	0.992 9	1	0.999 5	0.995 7
fatigue	0.999 4	0.990 9	0.996 8	0.999 6	0	1	0.989 9	0.997 4	1	0.997 3
heart rate	0.997 3	0.997 6	0.998 5	0.998 4	1	0	0.997 3	1	0.981 6	1
oxygen uptake	0.995 4	0.981 2	0.989 8	0.992 9	0.989 9	0.997 3	0	0.999 2	1	0.996 8
biomechanics	0.999 8	0.992 5	0.996 2	1	0.997 4	1	0.999 2	0	1	1
oxygen cons	0.990 1	0.992	0.998 2	0.999 5	1	0.981 6	1	1	0	1
endurance	0.990 1	0.997 1	0.988 9	0.995 7	0.997 3	1	0.996 8	1	1	0

(2)因子分析

因子分析就是对关键词进行归类汇总,用少数几个因子去描述许多指标或因素之间的联系,把若干个存在密切联系的几个变量归为一类,每一类就成为一个因子,以较少的几个因子反映原始资料的大部分信息。本文运用 SPSS20.0 对 1998—2003 年高频关键词的相异矩阵进行因子分析,主要采用的方法有主成分分析、协方差矩阵、最大方差法。结果显示,有 28 个公共因子(见表 4.63)。

表 4.63　因子分析确定的 1998—2003 年国外田径运动科技文献的研究主题

因子	关键词	载荷值	因子	关键词	载荷值
1	exercise	0.266	14	sports	0.556
2	running	0.366		marathon	0.322
	biomechanics	0.278	15	nutrition	0.316
	athletics	0.39		physical activity	0.297
3	training	0.346	16	vertical jump	0.259
	performance	0.392		exercise physiology	0.337
	endurance	0.238	17	blood lactate	0.492
4	fatigue	0.271		gender	0.351
5	heart rate	0.502		race	0.350
	oxygen cons	0.261	18	body composition	0.515
6	oxygen uptake	0.399	19	lactate threshold	0.248
	lactate	0.286	20	muscle	0.251
7	endurance exercise	0.559	21	anaerobic threshold	0.298
8	triathlon	0.245		swimming	0.160
	aging	0.241	22	maximal oxygen uptake	0.344
9	cortisol	0.903		kinematics	0.461
	testosterone	0.904	23	recovery	0.375
10	rehabilitation	0.286		soccer	0.195
	cycling	0.284	24	endurance running	0.243
11	endurance training	0.238		injury	0.459
	overtraining	0.280	25	stretch-shortening cycle	0.408
	stress	0.280	26	sport	0.361
12	strength	0.710	27	anaerobic capacity	0.392
	power	0.740	28	reliability	0.359
13	athletes	0.299		anaerobic	0.37

（3）聚类分析

聚类分析是将密切联系的关键词等内容归为一类，从整体上把握一个学科、领域，形成一个二维坐标图的属性归类方法。聚类分析与因子分析的差别在于，因子分析只是寻找支配作用的因子，而聚类分析不仅要寻求其支配作用的因子，还要使每一个向量与聚类中心的距离最小。

本文采用将相异矩阵导入到 SPSS20.0 中进行系统聚类，在聚类方法中选择 Ward 法进行分析，在标准化中选择 Z 得分，聚类结果见图 4.60。本文采用系统聚类法对共词的相异矩阵进行聚类分析，即在聚类方法中选择 Ward 法、在标准化中选择 Z 得分。

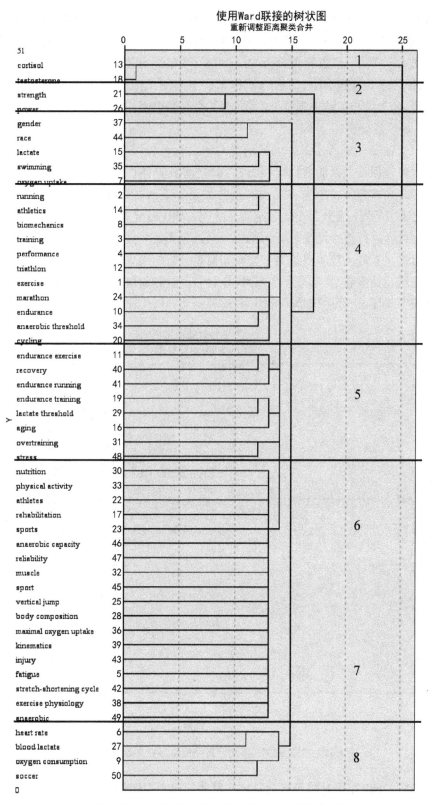

图 4.60 1998—2003 年国外田径运动科技文献聚类树状图

聚类的结果总体上和因子分析的结果相一致,对一些只有一个关键词的聚类则进行了整合,原本一个关键词归为一个因子的,通过向量与聚类中心的距离,与其他关键词共同归为一类。如图 4.60 所示,经过聚类分析,共分为 8 个类团,分别为皮质醇和睾酮类团、力量爆发力类团、摄氧量和乳酸类团、生物力学和无氧阈类团、耐力训练与乳酸阈类团、康复与无氧能力类团、动力学与运动生理学类团、心率与血乳酸类团。

(4) 多维尺度分析

多维尺度法是一种将多维空间的研究对象简化到低维空间进行定位、分析和归类,同时又保留对象间原始关系的数据分析方法,就是将其具体内容展示到一个二维平面图上,通过图上的距离来判断各个内容之间的相互关系。紧密联系在一起的就构成核心主流群体,而越处于外围且越分散的,则越孤独。本文将相异矩阵导入 SPSS20.0 中,选择 Eculidean 方法,进行多维尺度分析(见图 4.61)。如图 4.61 所示,RSQ＝0.741 9,说明多维尺度的分析结果较好。笔者根据因子分析和聚类分析的结果,对 1998—2003 年国外田径运动研究主题进行高度整合,形成 5 个类团,分别为皮质醇和睾酮类团、力量爆发力类团、田径生物力学研究类团、田径生理学研究类团、田径运动训练类团。

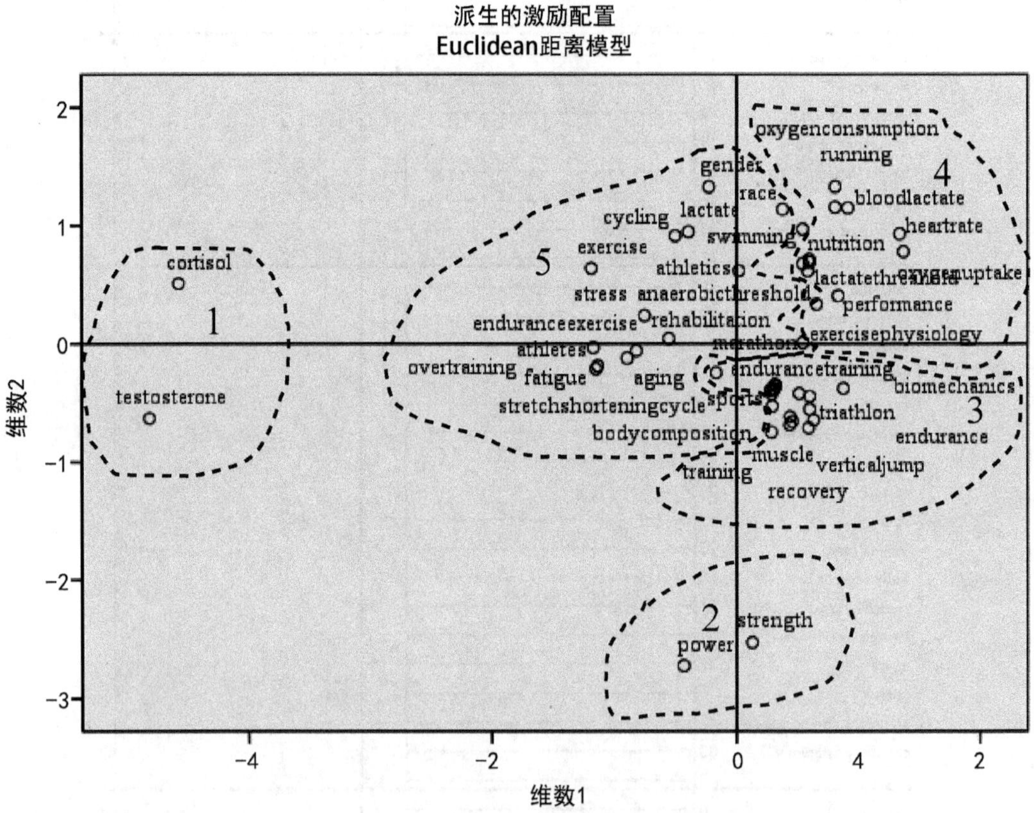

图 4.61　1998—2003 年国外田径运动科技文献多维尺度图

2) 2004—2009 年国外田径运动科技文献的知识主题图谱

(1) 高频关键词的遴选及矩阵的生成

本小节内容同样将采用共词分析方法,研究分析 2004—2009 年国外田径运动研究的知识主题。Sati 软件具备词频统计的功能,将下载好的数据导入到软件中,进行高频关键词的统计(见表 4.64)。

表 4.64 2004—2009 年国外田径运动科技文献高频关键词

序号	关键词	频次	序号	关键词	频次
1	exercise	191	11	fatigue	54
2	running	131	12	heart rate	42
3	performance	126	13	cycling	41
4	endurance	94	14	kinematics	40
5	biomechanics	89	15	vertical jump	39
6	training	72	16	athletics	38
7	power	64	17	Sports	37
8	rehabilitation	59	18	race	37
9	athletes	59	19	swimming	37
10	strength	57	20	gender	36

将 50 个关键词两两组合,形成 50×50 的共现矩阵(见表 4.65)。矩阵的横向数据 1～10 就是表带纵向关键词 exercise 到 strength,为了节约篇幅,以数字代替。

表 4.65 2004—2009 年国外田径运动科技文献高频关键词共现矩阵(前 10×10)

关键词	1	2	3	4	5	6	7	8	9	10
exercise	191	12	11	8	3	3	1	3	7	1
running	12	131	9	8	8	5	0	0	4	2
performance	11	9	126	7	7	3	7	1	4	2
endurance	8	8	7	94	0	9	6	0	5	11
biomechanics	3	8	7	0	89	3	1	0	0	2
training	3	5	3	9	3	72	1	1	4	4
power	1	0	7	6	1	1	64	0	2	15
rehabilitation	3	0	1	0	0	1	0	59	0	0
athletes	7	4	4	5	0	4	2	0	59	0
strength	1	2	2	11	2	4	15	0	0	57

为了消除共词频次造成的影响,用 Ochiia 系数将共现矩阵转换为斯皮尔曼相似矩阵。由于相似矩阵容易造成分析结果的误差过大,为了方便下一步骤的处理,用 1 减去相似矩阵中的数据,得到了两次相异程度的相异矩阵(见表 4.66)。

表 4.66 2004—2009 年国外田径运动科技文献高频关键词相异矩阵(前 10×10)

关键词	1	2	3	4	5	6	7	8	9	10
exercise	0	0.994 2	0.995 0	0.996 4	0.999 5	0.999 3	0.999 9	0.999 2	0.995 7	0.999 9
running	0.994 2	0	0.995 1	0.994 8	0.994 5	0.997 3	1.000 0	1.000 0	0.997 9	0.999 5
performance	0.995 0	0.995 1	0	0.995 9	0.995 6	0.999	0.993 9	0.999 9	0.997 8	0.999 4
endurance	0.996 4	0.994 8	0.995 9	0	1.000 0	0.988 0	0.994 0	1.000 0	0.995 5	0.977 4
biomechanics	0.999 5	0.994 5	0.995 6	1.000 0	0	0.998 6	0.999 8	1.000 0	1.000 0	0.999 2
training	0.999 3	0.997 3	0.999 0	0.988 0	0.998 6	0	0.999 8	0.999 8	0.996 2	0.996 1
power	0.999 9	1.000 0	0.993 9	0.994 0	0.999 8	0.999 8	0	1.000 0	0.998 9	0.938 3
rehabilitation	0.999 2	1.000 0	0.999 9	1.000 0	1.000 0	0.999 8	1.000 0	0	1.000 0	1.000 0
athletes	0.995 7	0.997 9	0.997 8	0.995 5	1.000 0	0.996 2	0.998 9	1.000 0	0	1.000 0
strength	0.999 9	0.999 5	0.999 4	0.977 4	0.999 2	0.999 3	0.999 9	0.999 2	0.995 7	0.999 9

(2) 因子分析

本文运用 SPSS20.0 对 2004—2009 年高频关键词的相异矩阵进行因子分析,主要采用的方法有主成分分析、协方差矩阵、最大方差法。结果显示,有 27 个公共因子(见表4.67)。

表 4.67 因子分析确定的 2004—2009 年国外田径运动科技文献的研究主题

因子	关键词	载荷值	因子	关键词	载荷值
1	power	0.576	5	intermittent exercise	0.414
	strength	0.664		stretch-shortening cycle	0.204
2	epidemiology	0.602	6	performance	0.391
	prevention	0.604		triathlon	0.305
3	rehabilitation	0.248	7	flexibility	0.342
	race	0.282		sprinting	0.464
	lactate	0.401	8	running	0.365
	oxygen uptake	0.298	9	training	0.328
4	biomechanics	0.437	10	injury	0.233
	heart rate	0.333	11	aging	0.233
	swimming	0.372		anthropometry	0.374
5	fatigue	0.396	12	oxygen consumption	0.199
	recovery	0.295	13	body composition	0.285
	EMG	0.296	14	fitness	0.316

(续表)

因子	关键词	载荷值	因子	关键词	载荷值
15	marathon	0.278	22	sport	0.236
16	kinematics	0.383		reliability	0.251
17	cycling	0.176	23	sports	0.287
	reliability	0.283	24	endurance exercise	0.431
18	runners	0.363		maximal oxygen uptake	0.285
19	athletes	0.406	25	knee	0.284
	athletics	0.443	26	gender	0.313
20	soccer	0.199		athlete	0.202
21	endurance training	0.481	27	exercise	0.545
	physical fitness	0.417		vertical jump	0.252

(3) 聚类分析

本文采用将相异矩阵导入到 SPSS20.0 中进行系统聚类,在聚类方法中选择 Ward 法进行分析,在标准化中选择 Z 得分。聚类结果见图 4.62。本文采用系统聚类法对共词的相异矩阵进行聚类分析,即在聚类方法中选择 Ward 法、在标准化中选择 Z 得分。聚类的结果总体上和因子分析的结果相一致,对一些只有一个关键词的聚类则进行了整合,原本一个关键词归为一个因子的,通过向量与聚类中心的距离,与其他关键词共同归为一类。如图 4.62 所示,经聚类分析,共分为 9 个聚类,分别是力量爆发力研究,预防流行病学研究,心率、血乳酸和氧摄入研究,冲刺灵活性运动学研究,体质健康研究,运动员运动损伤研究,耐力训练与最大摄氧量研究,间歇训练、疲劳与恢复研究,周期与生物力学研究。

(4) 多维尺度分析

本文将相异矩阵导入 SPSS20.0 中,选择 Eculidean 方法,进行多维尺度分析(见图 4.63)。如图 4.63 所示,RSQ=0.605 0,说明多维尺度的分析结果较好。笔者根据因子分析和聚类分析的结果,对 2004—2009 年国外田径运动研究知识主题进行高度整合,形成 5 个类团,分别为预防康复流行性病学类团、体质健康与力量爆发力类团、疲劳与恢复类团、田径生物力学研究类团、田径生理学研究类团。

3) 2010—2014 年国外田径运动科技文献的知识主题图谱

(1) 高频关键词的遴选及矩阵的生成

本小节内容同样采用共词分析方法,研究分析 2010—2014 国外田径运动研究的知识主题及演化。Sati 软件具备词频统计的功能,将下载好的数据导入到软件中,进行高频关键词的统计(见表 4.68)。

将 50 个关键词两两组合,形成 50×50 的共词矩阵(见表 4.69)。矩阵的横向数据 1~10 就是表带纵向关键词 performance 到 athletes,为了节约篇幅,以数字代替。

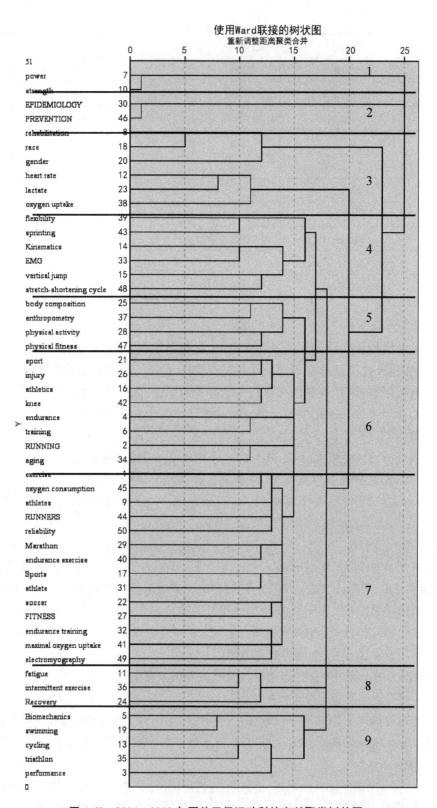

图 4.62 2004—2009 年国外田径运动科技文献聚类树状图

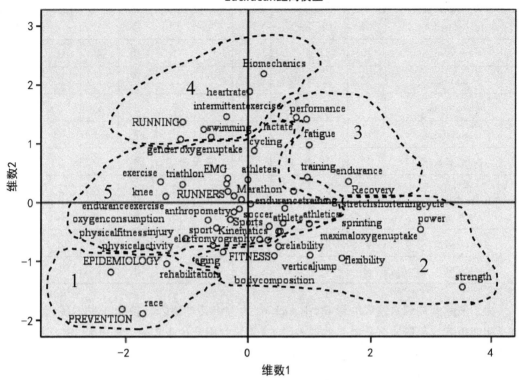

图 4.63 2004—2009 年国外田径运动科技文献多维尺度图

表 4.68 2010—2014 年国外田径运动科技文献高频关键词

序号	关键词	频次	序号	关键词	频次
1	performance	222	11	soccer	74
2	exercise	185	12	kinematics	71
3	running	185	13	rehabilitation	68
4	biomechanics	138	14	heart rate	68
5	endurance	133	15	athletics	62
6	fatigue	112	16	knee	58
7	training	103	17	football	55
8	strength	94	18	cycling	55
9	power	93	19	swimming	52
10	athletes	74	20	athletic performance	51

表 4.69 2010—2014 年国外田径运动科技文献高频关键词共现矩阵(前 10×10)

关键词	1	2	3	4	5	6	7	8	9	10
performance	222	10	12	11	24	16	13	4	5	2
exercise	10	184	11	0	9	1	9	4	2	4
running	12	11	185	12	22	15	3	2	2	4
biomechanics	11	0	12	138	2	7	3	1	2	2
endurance	24	9	22	2	132	10	7	11	4	4
fatigue	16	1	15	7	10	112	3	5	5	2
training	13	9	3	3	7	3	102	6	2	2
strength	4	4	2	1	11	5	6	94	28	1
power	5	2	2	2	4	5	2	28	93	1
athletes	2	4	4	2	2	2	2	1	1	74

为了消除共词频次造成的影响,用 Ochiia 系数将共现矩阵转换为斯皮尔曼相似矩阵。由于相似矩阵容易造成分析结果的误差过大,为了方便下一步骤的处理,用1减去相似矩阵中的数据,得到了两次相异程度的相异矩阵(见表 4.70)。

表 4.70 2010—2014 年国外田径运动科技文献高频关键词相异矩阵(前 10×10)

关键词	1	2	3	4	5	6	7	8	9	10
performance	0	0.997 6	0.996 5	0.996 1	0.980 3	0.989 7	0.992 5	0.999 2	0.998 8	0.999 8
Exercise	0.997 6	0	0.996 4	1.000 0	0.996 7	1.000 0	0.995 7	0.999 1	0.999 8	0.998 8
Running	0.996 5	0.996 4	0	0.994 4	0.980 2	0.989 1	0.999 5	0.999 8	0.999 8	0.998 8
biomechanics	0.996 1	1.000 0	0.994 4	0	0.999 8	0.996 8	0.999 4	0.999 9	0.999 7	0.999 6
endurance	0.980 3	0.996 7	0.980 2	0.999 8	0	0.993 2	0.996 4	0.990 2	0.998 7	0.998 4
fatigue	0.989 7	1.000 0	0.989 1	0.996 8	0.993 2	0	0.999 2	0.997 6	0.997 6	0.999 5
training	0.992 5	0.995 7	0.999 5	0.999 4	0.996 4	0.999 2	0	0.996 2	0.999 6	0.999 5
strength	0.999 2	0.999 1	0.999 8	0.999 9	0.990 2	0.997 6	0.996 2	0	0.910 3	0.999 9
power	0.998 8	0.999 8	0.999 8	0.999 7	0.998 7	0.997 6	0.999 6	0.910 3	0	0.999 9
athletes	0.999 8	0.998 8	0.998 8	0.999 6	0.998 4	0.999 5	0.999 5	0.999 9	0.999 9	0

(2) 因子分析

本文运用 SPSS20.0 对 2010—2014 年高频关键词的相异矩阵进行因子分析,主要采用的方法有主成分分析、协方差矩阵、最大方差法。结果显示,有 27 个公共因子(见表 4.71)。

表 4.71 因子分析确定的 2010—2014 年国外田径运动科技文献的研究主题

因子	关键词	载荷值	因子	关键词	载荷值
1	kinematics	0.774	10	Inflammation	0.38
	kinetics	0.773	11	aging	0.347
2	strength	0.662	12	electromyography	0.351
	power	0.706	13	athletes	0.355
	speed	0.283	14	physical fitness	0.356
3	cycling	0.309		vertical jump	0.355
4	running	0.375	15	athletics	0.407
	injury	0.368		physical activity	0.517
5	biomechanics	0.285	16	body composition	0.564
	fatigue	0.387		muscle	0.407
	knee	0.389	17	rehabilitation	0.853
	recovery	0.401	18	training	0.442
	force	0.295		triathlon	0.396
6	epidemiology	0.457	19	injury prevention	0.411
	track and field	0.437	20	resistance training	0.279
	reliability	0.283		gender	0.235
7	performance	0.472	21	swimming	0.262
	endurance	0.399	22	soccer	0.414
8	exercise	0.384		muscle strength	0.317
	endurance exercise	0.441	23	strength training	0.443
	dehydration	0.445	24	running economy	0.346
9	heart rate	0.597	25	football	0.313
	oxygen consumption	0.596		athletic performance	0.482
10	athlete	0.433	26	sport	0.410
	sports	0.433	27	muscle damage	0.248

（3）聚类分析

本文采用将相异矩阵导入到 SPSS20.0 中进行系统聚类,在聚类方法中选择 Ward 法进行分析,在标准化中选择 Z 得分,聚类结果见图 4.64。本文采用系统聚类法对共词的相异矩阵进行聚类分析,即在聚类方法中选择 Ward 法、在标准化中选择 Z 得分。如图 4.64 所示,经过因子分析和聚类分析,共分为 8 个方面,分别为田径运动生物力学研究、力量与爆发力研究、疲劳与恢复研究、耐力训练与周期研究、膝关节损伤的生物力学研究、耐力训练与脱水研究、力量训练与竞技能力研究、运动损伤预防研究。

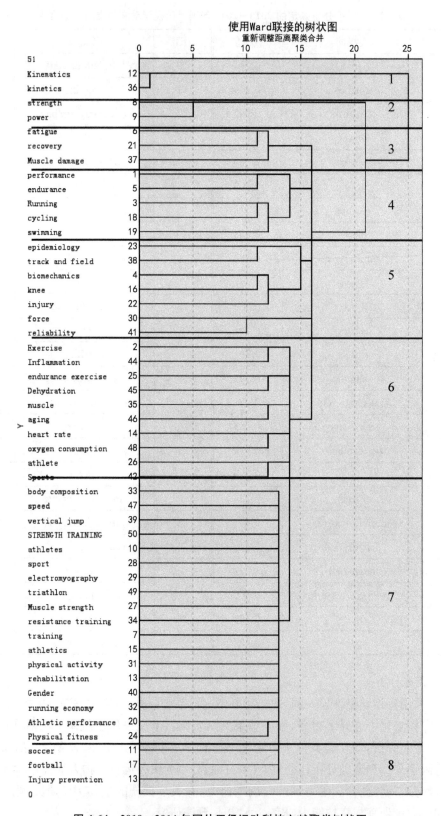

图 4.64 2010—2014 年国外田径运动科技文献聚类树状图

(4) 多维尺度分析

本文将相异矩阵导入 SPSS20.0 中,选择 Eculidean 方法,进行多维尺度分析(见图 4.65)。如图 4.65 所示,RSQ＝0.699 1,说明多维尺度的分析结果较好。笔者根据因子分析和聚类分析的结果,对 2010—2014 年国外田径运动研究主题进行高度整合,共分为 4 个类团:运动损伤生物力学研究类团、田径力量训练类团、疲劳恢复及耐力训练脱水研究类团、耐力训练与周期研究类团。

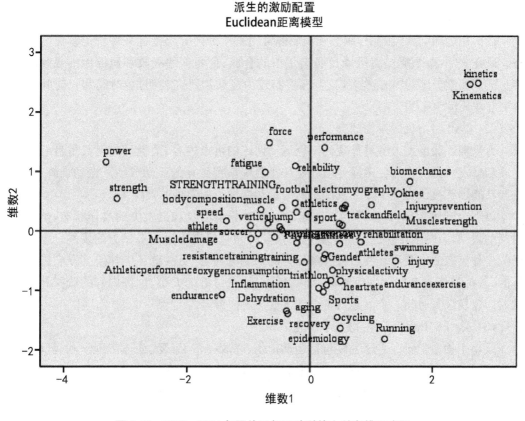

图 4.65　2010—2014 年国外田径运动科技文献多维尺度图

4) 1998—2014 年国外田径运动科技文献的知识主题图谱

本节利用共词分析、多元统计分析方法(因子分析、聚类分析、多维尺度分析),按照时间的顺序对 1998—2014 年国外田径运动科技文献的知识主题进行翔实的分析。本节在前文研究的基础上,运用聚类分析、多维尺度分析方法对 1998—2014 年国外田径运动科技文献知识主题再进行整体分析,具体分析步骤过程从略。从分析结果看,目前国外田径运动科技文献的知识主题概括为田径生理学研究、力量与爆发力研究、田径运动生物力学研究、疲劳与恢复研究、耐力训练等方面。

(1) 类团 1:田径生理学研究

运动生理学是人体生理学的一个分支,主要是揭示运动员在运动应激下身体结构和机能所发生的应答反应和适应,主要是人体功能的机能活动规律和适应变化的规律。随着科学技术的发展,田径运动研究在运动生理学方面的研究也积累了大量的科研成果。从

1998—2014年所收集的田径运动的科技文献来看,田径运动生理学研究主要集中在田径运动与骨骼肌、运动员心脏、运动性疲劳、高原训练、运动与肥胖、机能评定及分子生物学等方面。

皮质醇和睾酮是运动能力相关的两个激素,人体在运动时,它们的水平会随着运动类型、运动的量和强度、训练年限、年龄等方面的影响而变化。一般来说,运动员运动时皮质醇水平的升高有助于运动员能量的募集,睾酮水平的提高有利于运动员训练后的恢复。国外田径运动领域的科研工作者在这些方面做了大量的研究工作,其中,对皮质醇、睾酮与运动的关系研究最为广泛。

在田径运动训练实践中,睾酮和皮质醇常用来作为内分泌指标来评价运动员的机能状态。研究表明,睾酮能提高运动员肌肉蛋白的合成、葡萄糖的吸收和肌糖原的吸收。皮质醇是肾上腺素分泌的一种激素,其生理机制较为复杂。研究表明,短时间和长时间训练都会引起皮质醇水平的升高。

(2) 类团2:力量爆发力研究

力量训练和爆发力练习是现代田径运动训练的重点内容,运动员只有具备良好的力量素质和爆发力素质才能在田径运动训练和比赛中获得优异的运动成绩。振动训练、组合训练和功能训练被认为是国际上发展肌肉力量和爆发力的常见的训练手段。

以组合训练为例,许多项目需要运动员同时具备力量和爆发力的最佳状态,然而由于时间的限制,有时很难保证充足的训练和恢复时间来促进力量和爆发力的发展。组合训练作为一种有效的发展运动员力量和爆发力的训练方法,深受教练员的热爱。在实施组合训练时,教练员应当考虑到训练时间、训练年限、绝对力量的大小、训练内容的选择、负荷、持续时间以及恢复时间。个人是对整个训练反应的应答者。

(3) 类团3:田径运动生物力学研究

运动生物力学研究主题主要包括运动损伤、临床评估、康复、人体工程学和运动。通过研究发现,运动生物力学在田径运动研究涉及的领域越来越广泛,它在田径运动研究中主要包括两个方面:一是田径运动损伤的生物力学研究;二是理解与体育运动相关的运动表现。

以田径运动损伤的生物力学研究为例,常见的运动损伤有踝关节损伤、膝关节损伤、肌肉拉伤、韧带拉伤或断裂等。以膝关节前交叉韧带损伤为例,前交叉韧带(Anterior Cruciate Ligament,ACL)损伤是膝关节常见的运动损伤之一。研究表明,通过不断增长力量、肌肉活动、肌肉长度和收缩速度能够不断增加腘绳肌力量,从而会减小前交叉韧带损伤的生物力学因素。最近研究重点关注躯干运动、载荷、肌肉力量、肌肉活动和落地或切入等生物力学动作之间的关系。

(4) 类团4:疲劳与恢复研究

运动训练是为了提高运动员的竞技能力,疲劳是训练的产物,没有疲劳就没有训练,两者相辅相成。然而,如果在疲劳后机体得不到恢复,训练就达不到提高竞技能力的目标。现代田径运动训练的基本要求是高效率和高强度,只有采用合理的疲劳恢复手段,才能完成教练员安排的训练任务。

训练恢复是提高运动能力最重要的方面之一。从国外研究来看,目前尚未阐明哪一种训练恢复手段最有效,但训练恢复手段要符合个人的特点及其比赛安排。基于教练员对运动员的了解,采取明确合理的恢复手段来提高运动员的技术。同样,对科研人员而言,在研究过程中应当注意训练恢复策略对个人和组中值的反应。

(5) 类团 5:耐力训练类团

耐力素质是有机体在持续运动过程中不断对抗疲劳并长时间工作的能力。对体能类主导的田径耐力性项目来说,耐力素质的发展水平对专项竞技水平起主导作用;对其他类田径项目而言,耐力素质有助于运动员在训练和比赛中克服疲劳、承受更大负荷、提高训练效果,并在比赛中取得好成绩。

4.4.2 国内田径运动科技文献的知识主题图谱分析

1) 1998—2003 年国内田径运动科技文献的知识主题图谱

(1) 高频关键词的遴选及矩阵的生成

本节内容同样采用共词分析方法,研究分析 1998—2003 年国内田径运动研究的知识主题。Sati 软件具备词频统计的功能,将下载好的数据导入到软件中,进行高频关键词的统计(见表 4.72)。

将 50 个关键词两两组合,形成 50×50 的共现矩阵(见表 4.73)。矩阵的横向数据 1~10 就是表带纵向关键词田径到标枪,为了节约篇幅,以数字代替。为了消除共现频次造成的影响,用 Ochiia 系数将共现矩阵转换为斯皮尔曼相似矩阵。由于相似矩阵容易造成分析结果的误差过大,为了方便下一步骤的处理,用 1 减去相似矩阵中的数据,得到了两次相异程度的相异矩阵(见表 4.74)。

表 4.72 1998—2003 年国内田径运动科技文献高频关键词

序号	关键词	频次	序号	关键词	频次
1	田径	45	11	训练方法	13
2	田径运动	45	12	短跑	12
3	运动训练	31	13	田径教学	12
4	三级跳远	25	14	助跑速度	11
5	背越式跳高	18	15	中长跑运动	11
6	跳远	18	16	撑竿跳高	10
7	运动成绩	18	17	起跳技术	10
8	身体素质	17	18	生物力学	10
9	运动员	16	19	田径训练	10
10	标枪	14	20	运动生物力学	10

表 4.73 1998—2003年国内田径运动科技文献高频关键词共现矩阵(前10×10)

关键词	1	2	3	4	5	6	7	8	9	10
田径	45	0	5	1	0	3	0	2	0	4
田径运动	0	45	5	1	0	0	1	0	2	0
运动训练	5	5	31	2	1	1	1	1	0	0
三级跳远	1	1	2	25	0	0	1	1	1	0
背越式跳高	0	0	1	0	18	0	0	0	0	0
跳远	3	0	1	0	0	18	0	2	1	0
运动成绩	0	1	1	1	0	0	18	1	1	0
身体素质	2	0	1	1	0	2	1	17	0	0
运动员	0	2	0	1	0	1	1	0	16	0
标枪	4	0	0	0	0	0	0	0	0	14

表 4.74 1998—2003年国内田径运动研究论文高频关键词相异矩阵(前10×10)

关键词	1	2	3	4	5	6	7	8	9	10
田径	0	1.000 0	0.982 1	0.999 1	1.000 0	0.988 9	1.000 0	0.994 8	1.000 0	0.974 6
田径运动	1.000 0	0	0.982 1	0.999 1	1.000 0	1.000 0	0.998 8	1.000 0	0.994 4	1.000 0
运动训练	0.982 1	0.982 1	0	0.994 8	0.998 2	0.998 2	0.998 2	0.998 1	1.000 0	1.000 0
三级跳远	0.999 1	0.999 1	0.994 8	0	1.000 0	1.000 0	0.997 8	0.997 6	0.997 5	1.000 0
背越式跳高	1.000 0	1.000 0	0.998 2	1.000 0	0	1.000 0	1.000 0	1.000 0	1.000 0	1.000 0
跳远	0.988 9	1.000 0	0.998 2	1.000 0	1.000 0	0	1.000 0	0.986 9	0.996 5	1.000 0
运动成绩	1.000 0	0.998 8	0.998 2	0.997 8	1.000 0	1.000 0	0	0.996 7	0.996 5	1.000 0
身体素质	0.994 8	1.000 0	0.998 1	0.997 6	1.000 0	0.986 9	0.996 7	0	1.000 0	1.000 0
运动员	1.000 0	0.994 4	1.000 0	0.997 5	1.000 0	0.996 5	0.996 5	1.000 0	0	1.000 0
标枪	0.974 6	1.000 0	1.000 0	1.000 0	1.000 0	1.000 0	1.000 0	1.000 0	1.000 0	0

(2)因子分析

本文运用SPSS20.0对1998—2003年高频关键词的相异矩阵进行因子分析,主要采用的方法有主成分分析、协方差矩阵、最大方差法。结果显示,有24个公共因子(见表4.75)。

表 4.75 因子分析确定的 1998—2003 年国内田径运动研究的研究主题

因子	关键词	载荷值	因子	关键词	载荷值
1	水平速度	0.858	12	短跑	0.163
	垂直速度	0.862		力量素质	0.388
2	中长跑运动	0.608	13	专项能力	0.258
	教学方法	0.192		田径	0.362
	高原训练	0.619		跳远	0.404
	中长跑	0.413	14	运动成绩	0.207
3	背越式跳高	0.587		运动生物力学	0.462
	跳高技术	0.628	15	跳远技术	0.291
4	田径教学	0.622		运动技术	0.45
	跨栏跑	0.553	16	训练方法	0.267
	教学改革	0.265		田径训练	0.429
5	运动员	0.428	17	跳高运动	0.456
	标枪	0.633		摆动腿	0.289
6	生物力学	0.501	18	男子跳远	0.296
	运动学	0.366	19	田径比赛	0.387
7	助跑速度	0.247		撑竿跳高	0.216
	起跳技术	0.547	20	田径运动员	0.449
	跳远运动	0.38		运动训练	0.321
8	投掷技术	0.65	21	体育教学	0.27
	标枪运动员	0.649		奥运会	0.289
9	三级跳远	0.237	22	十项全能	0.52
10	身体素质	0.482	23	田径运动	0.374
	女运动员	0.402	24	七项全能	0.26
11	铅球	0.376			

(3) 聚类分析

本文采用系统聚类法对共词的相异矩阵进行聚类分析,即在聚类方法中选择 Ward 法、在标准化中选择 Z 得分。聚类的结果总体上和因子分析的结果相一致,对一些只有一个关键词的聚类则进行了整合,原本一个关键词归为一个因子的,通过向量与聚类中心的距离,与其他关键词共同归为一类。如图 4.66 所示,经过因子分析和聚类分析,共分为 8 个方面,分别为田径运动学研究、中长跑运动员高原训练研究、田径教学研究、田径运动身体训练研究、田径运动训练方法研究、田径运动训练研究、田径运动生物力学研究、跳远技术训练研究。

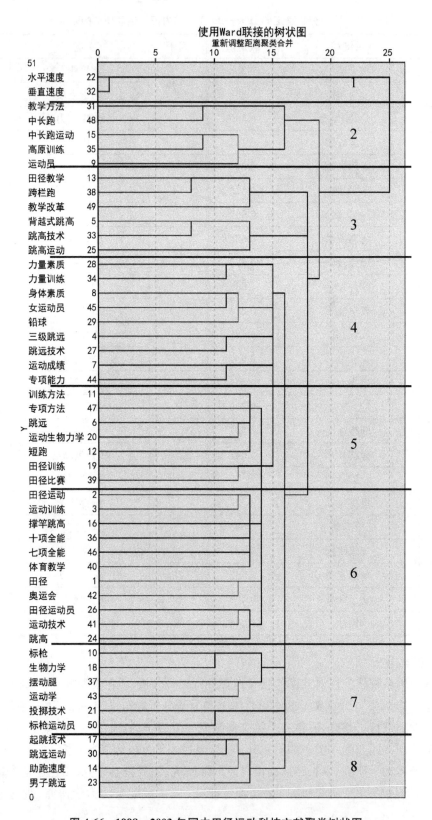

图 4.66 1998—2003 年国内田径运动科技文献聚类树状图

（4）多维尺度分析

本文将相异矩阵导入 SPSS20.0 中,选择 Eculidean 方法,进行多维尺度分析(见图 4.67)。如图 4.67 所示,RSQ＝0.766 69,说明多维尺度的分析结果较好。笔者根据因子分析和聚类分析的结果,对 1998—2003 年我国田径运动研究主题进行高度整合,共分为 4 个类团:田径运动学研究类团、中长跑项目高原训练研究类团、跳类项目技术分析类团、田径运动教学与训练研究。

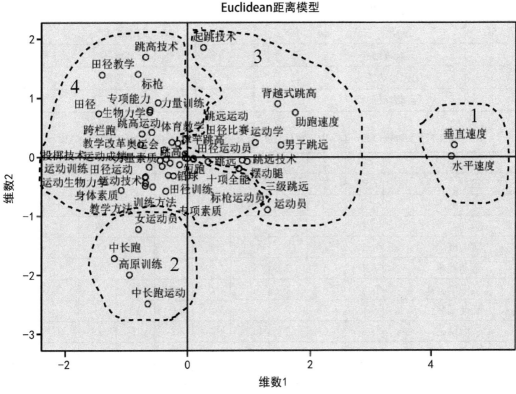

图 4.67　1998—2003 年国内田径运动科技文献多维尺度图

2) 2004—2009 年国内田径运动科技文献的知识主题图谱

（1）高频关键词的遴选及矩阵的生成

本小节内容同样采用共词分析方法,研究分析 2004—2009 年国内田径运动研究的知识主题。Sati 软件具备词频统计的功能,将下载好的数据导入到软件中,进行高频关键词的统计(见表 4.76)。

将 50 个关键词两两组合,形成 50×50 的共现矩阵(见表 4.77)。矩阵的横向数据 1～10 就是表带纵向关键词田径到运动训练,为了节约篇幅,以数字代替。

为了消除共词频次造成的影响,用 Ochiia 系数将共现矩阵转换为斯皮尔曼相似矩阵。由于相似矩阵容易造成分析结果的误差过大,为了方便下一步骤的处理,用 1 减去相似矩阵中的数据,得到了两次相异程度的相异矩阵(见表 4.78)。

表 4.76 2004—2009 年国内田径运动科技文献高频关键词

序号	关键词	频次	序号	关键词	频次
1	田径	32	11	奥运会	15
2	田径运动	27	12	短跑	14
3	运动员	22	13	跳远	13
4	运动成绩	22	14	竞走	12
5	运动技术	21	15	刘翔	10
6	运动学分析	19	16	女子	10
7	运动学	18	17	起跳技术	9
8	三级跳远	17	18	撑竿跳高	8
9	优秀运动员	16	19	技术特征	8
10	运动训练	16	20	女子运动员	8

表 4.77 2004—2009 年国内田径运动科技文献高频关键词共现矩阵(前 10×10)

关键词	1	2	3	4	5	6	7	8	9	10
田径	32	0	2	1	1	0	0	0	1	0
田径运动	0	27	4	1	0	0	0	0	1	0
运动员	2	4	23	1	1	1	2	2	0	2
运动成绩	1	1	1	22	1	0	0	1	1	0
运动技术	1	0	1	1	22	0	2	3	0	1
运动学分析	0	0	1	0	0	21	0	1	3	0
运动学	0	0	2	0	2	0	19	2	2	1
三级跳远	0	0	2	1	3	1	2	18	1	0
优秀运动员	1	1	0	1	0	3	2	1	17	1
运动训练	0	0	2	0	1	0	1	0	1	16

表 4.78 2004—2009 年国内田径运动科技文献高频关键词相异矩阵(前 10×10)

关键词	1	2	3	4	5	6	7	8	9	10
田径	0	1.000 0	0.994 6	0.998 6	0.998 6	1.000 0	1.000 0	1.000 0	0.998 2	1.000 0
田径运动	1.000 0	0	0.974 2	0.998 3	1.000 0	1.000 0	1.000 0	1.000 0	0.997 8	1.000 0
运动员	0.994 6	0.974 2	0	0.998	0.998	0.997 9	0.990 8	0.990 3	1.000 0	0.989 1
运动成绩	0.998 6	0.998 3	0.998	0	0.997 9	1.000 0	1.000 0	0.997 5	0.997 3	1.000 0
运动技术	0.998 6	1.000 0	0.998	0.997 9	0	1.000 0	0.990 4	0.977 3	1.000 0	0.997 2
运动学分析	1.000 0	1.000 0	0.997 9	1.000 0	1.000 0	0	1.000 0	0.997 4	0.974 8	1.000 0
运动学	1.000 0	1.000 0	0.990 8	1.000 0	0.990 4	1.000 0	0	0.988 3	0.987 6	0.996 7
三级跳远	1.000 0	1.000 0	0.990 3	0.997 5	0.977 3	0.997 4	0.988 3	0	0.996 7	1.000 0
优秀运动员	0.998 2	0.997 8	1.000 0	0.997 3	1.000 0	0.974 8	0.987 6	0.996 7	0	0.996 3
运动训练	1.000 0	1.000 0	0.989 1	1.000 0	0.997 2	1.000 0	0.996 7	1.000 0	0.996 3	0

（2）因子分析

本文运用SPSS20.0对2004—2009年高频关键词的相异矩阵进行因子分析，主要采用的方法有主成分分析、协方差矩阵、最大方差法。结果显示，有24个公共因子（见表4.79）。

表4.79 因子分析确定的2004—2009年国内田径运动科技文献的研究主题

因子	关键词	载荷值	因子	关键词	载荷值
1	跳远	0.486	10	短跑技术	0.324
	起跳	0.363	11	女子运动员	0.373
	助跑	0.536		马拉松	0.468
2	短跑	0.541	12	身体素质	0.247
	刘翔	0.416		跳高	0.421
	途中跑	0.54	13	男子	0.293
	110 m 栏	0.425		十项全能	0.367
3	运动学分析	0.405	14	训练方法	0.232
	优秀运动员	0.336	15	运动技术	0.381
	起跳技术	0.269		三级跳远	0.463
	全运会	0.436	16	田径运动	0.253
4	运动学	0.338		运动训练	0.254
	中长跑	0.353		生物力学	0.324
	赛前训练	0.412	17	标枪	0.364
5	女子撑竿跳高	0.368		体育研究	0.342
6	运动员	0.347	18	技术特征	0.453
	竞走	0.334		标枪运动员	0.417
	速度	0.324	19	高校	0.731
7	女子	0.5	20	田径运动员	0.737
	撑竿跳高	0.481	21	掷标枪	0.523
8	奥运会	0.282	22	田径	0.233
	中国田径	0.42		体育训练	0.403
	2008年奥运会	0.437	23	中长跑运动员	0.474
9	运动成绩	0.385		雅典奥运会	0.188
10	短跑运动员	0.396	24	背越式跳高	0.142

（3）聚类分析

本文采用系统聚类法对共词的相异矩阵进行聚类分析，即在聚类方法中选择Ward法、在标准化中选择Z得分。聚类的结果总体上和因子分析的结果相一致，对一些只有一个关

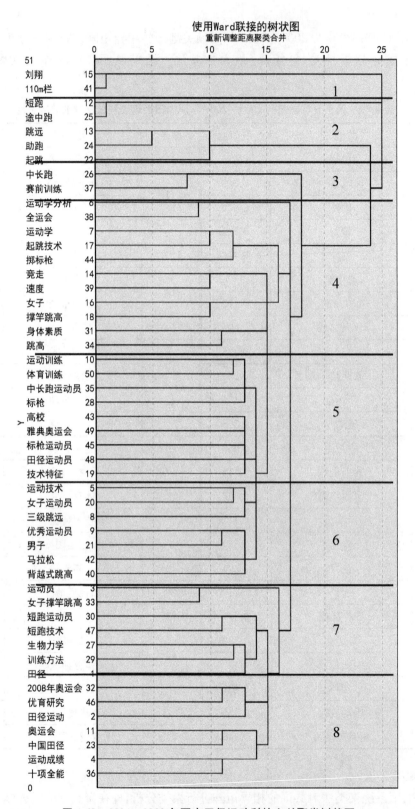

图 4.68 2004—2009 年国内田径运动科技文献聚类树状图

键词的聚类则进行了整合,原本一个关键词归为一个因子的,通过向量与聚类中心的距离,与其他关键词共同归为一类。如图4.68所示,经过因子分析和聚类分析,共分为8个方面,分别为刘翔110m栏研究、短跑运动技术研究、中长跑赛前训练研究、田径运动学研究、田径运动训练研究、田径运动技术研究、田径运动生物力学研究和北京奥运会与田径运动研究。

(4) 多维尺度分析

本小节将相异矩阵导入SPSS20.0中,选择Eculidean方法,进行多维尺度分析(见图4.69)。如图4.69所示,RSQ=0.7130,说明多维尺度的分析结果较好。笔者根据因子分析和聚类分析的结果,对2004—2009年我国田径运动研究主题进行高度整合,共分为4个类团:刘翔与110m栏运动学研究类团、北京奥运会与田径运动研究类团、田径运动训练类团和田径运动生物力学研究类团。

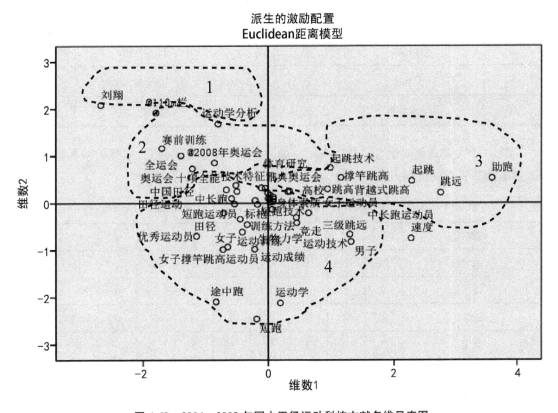

图4.69　2004—2009年国内田径运动科技文献多维尺度图

3) 2010—2014年国内田径运动科技文献的知识主题图谱

(1) 高频关键词的遴选及矩阵的生成

本小节内容同样采用共词分析方法,研究分析2010—2014年国内田径运动研究的知识主题。Sati软件具备词频统计的功能,将下载好的数据导入到软件中,进行高频关键词的统计(见表4.80)。

表 4.80　2010—2014 年国内田径运动科技文献高频关键词

序号	关键词	频次	序号	关键词	频次
1	田径	24	11	起跳	7
2	三级跳远	13	12	马拉松	6
3	优秀运动员	13	13	男子	5
4	竞走	13	14	跳远	5
5	运动学	12	15	成绩	5
6	竞技体育	12	16	伦敦奥运会	5
7	女子	11	17	速度	5
8	奥运会	9	18	技术分析	4
9	女子铁饼	9	19	技术	4
10	运动学分析	9	20	旋转技术	4

将 50 个关键词两两组合,形成 50×50 的共现矩阵(见表 4.81)。矩阵的横向数据 1～10 就是表带纵向关键词田径到运动学分析,为了节约篇幅,以数字代替。

表 4.81　2010—2014 年国内田径运动科技文献高频关键词共现矩阵(前 10×10)

关键词	1	2	3	4	5	6	7	8	9	10
田径	24	0	1	0	0	6	0	6	1	0
三级跳远	0	13	3	0	3	0	2	0	0	0
优秀运动员	1	3	13	4	1	0	3	0	0	0
竞走	0	0	4	13	0	1	1	0	0	0
运动学	0	3	1	0	12	0	2	0	0	0
竞技体育	6	0	0	1	0	12	0	3	1	0
女子	0	2	3	1	2	0	11	0	0	0
奥运会	6	0	0	0	0	3	0	9	0	0
女子铁饼	1	0	0	0	0	1	0	0	9	1
运动学分析	0	0	0	0	0	0	0	0	1	9

为了消除共词频次造成的影响,用 Ochiia 系数将共现矩阵转换为斯皮尔曼相似矩阵。由于相似矩阵容易造成分析结果的误差过大,为了方便下一步骤的处理,用 1 减去相似矩阵中的数据,得到了两次相异程度的相异矩阵(见表 4.82)。

表 4.82 2010—2014 年国内田径运动科技文献高频关键词相异矩阵(前 10×10)

关键词	1	2	3	4	5	6	7	8	9	10
田径	0	1.000 0	0.996 8	1.000 0	1.000 0	0.875	1.000 0	0.833 3	0.995 4	1.000 0
三级跳远	1.000 0	0	0.946 7	1.000 0	0.942 3	1.000 0	0.972 0	1.000 0	1.000 0	1.000 0
优秀运动员	0.996 8	0.946 7	0	0.905 3	0.993 6	1.000 0	0.937 1	1.000 0	1.000 0	1.000 0
竞走	1.000 0	1.000 0	0.905 3	0	1.000 0	0.993 6	0.993	1.000 0	1.000 0	1.000 0
运动学	1.000 0	0.942 3	0.993 6	1.000 0	0	1.000 0	0.969 7	1.000 0	1.000 0	1.000 0
竞技体育	0.875	1.000 0	1.000 0	0.993 6	1.000 0	0	1.000 0	0.916 7	0.990 7	1.000 0
女子	1.000 0	0.972	0.937 1	0.993	0.9697	1.000 0	0	1.000 0	1.000 0	1.000 0
奥运会	0.833 3	1.000 0	1.000 0	1.000 0	1.000 0	0.916 7	1.000 0	0	1.000 0	1.000 0
女子铁饼	0.995 4	1.000 0	1.000 0	1.000 0	1.000 0	0.990 7	1.000 0	1.000 0	0	0.987 7
运动学分析	1.000 0	1.000 0	1.000 0	1.000 0	1.000 0	1.000 0	1.000 0	1.000 0	0.987 7	0

(2) 因子分析

本文运用 SPSS20.0 对 2010—2014 年高频关键词的相异矩阵进行因子分析,主要采用的方法有主成分分析、协方差矩阵、最大方差法。结果显示,有 21 个公共因子(见表 4.83)。

表 4.83 因子分析确定的 2010—2014 年国内田径运动科技文献的研究主题

因子	关键词	载荷值	因子	关键词	载荷值
1	起跳	0.414	6	最后用力	0.328
1	速度	0.45	6	女子铁饼	0.597
1	撑竿跳高	0.339	6	三维运动学	0.586
1	助跑	0.524	7	男子	0.381
1	步长	0.5	7	跳远	0.277
2	田径	0.409	7	稳定性	0.21
2	竞技体育	0.349	7	竞技能力	0.342
2	奥运会	0.43	8	伦敦奥运会	0.473
3	技术	0.356	9	运动员	0.35
4	女子	0.378	9	技术特征	0.415
4	李艳凤	0.371	10	运动学	0.3
4	铁饼	0.601	10	起跳技术	0.455
5	竞走	0.263	10	女子三级跳远	0.542
5	20 km	0.236	11	金牌	0.568

(续表)

因子	关键词	载荷值	因子	关键词	载荷值
11	世界田径锦标赛	0.573	15	技术分析	0.365
12	跳远	0.269	16	投掷技术	0.338
	旋转技术	0.305		女子跳高	0.4
13	运动学特征	0.397	17	女子链球	0.296
	运动成绩	0.411		中长跑	0.105
	竞赛与训练	0.202	18	成绩	0.132
14	定向运动	0.275		表面肌电	0.377
	大学生	0.279	19	优秀运动员	0.255
	专项能力	0.302		马拉松	0.716
15	三级跳远	0.346	20	铅球	0.408
	运动学分析	0.417	21	短跑	0.459

(3) 聚类分析

本文采用系统聚类法对共词的相异矩阵进行聚类分析,即在聚类方法中选择 Ward 法、在标准化中选择 Z 得分。聚类的结果总体上和因子分析的结果相一致,对一些只有一个关键词的聚类则进行了整合,原本一个关键词归为一个因子的,通过向量与聚类中心的距离,与其他关键词共同归为一类。如图 4.70 所示,经过因子分析和聚类分析,共分为 7 个方面,分别为撑竿跳高助跑研究、田径运动社会学研究、田径运动技术研究、女子铁饼研究、田径运动表面肌电和运动学研究、田径运动生物力学研究、田径运动专项能力研究。

(4) 多维尺度分析

本文将相异矩阵导入 SPSS20.0 中,选择 Eculidean 方法,进行多维尺度分析(见图 4.71)。如图 4.71 所示,RSQ=0.766 69,说明多维尺度的分析结果较好。笔者根据因子分析和聚类分析的结果,对 2010—2014 年国内田径运动研究主题进行高度整合,共分为 4 个类团:田径社会学研究类团、肌电和运动学训练研究类团、田径运动生物力学研究类团、田径运动训练研究类团。

4) 1998—2014 年国内田径运动科技文献的知识主题图谱

本节利用共词分析、多元统计分析方法(因子分析、聚类分析、多维尺度分析),按照时间的顺序对 1998—2014 年国内田径运动科技文献的知识主题进行翔实的分析。本节在前文的基础上运用聚类分析、多维尺度分析方法对 1998—2014 年国内田径运动科技文献知识主题再进行整体分析,具体分析步骤过程从略。从分析结果看,目前国内田径运动科技文献的知识主题概括为高原训练、田径运动学、田径社会学、田径运动训练等方面。

(1) 类团 1:高原训练研究

高原训练作为提高运动能力的一种方法,已经应用半个多世纪。20 世纪 60 年代,随着非洲高原的中长跑选手的崛起,高原训练引起世人的瞩目。高原训练是在特殊的环境下进行的强化训练,它可使运动员承受平原难以达到的训练强度,使机体更加接近极限强度,从

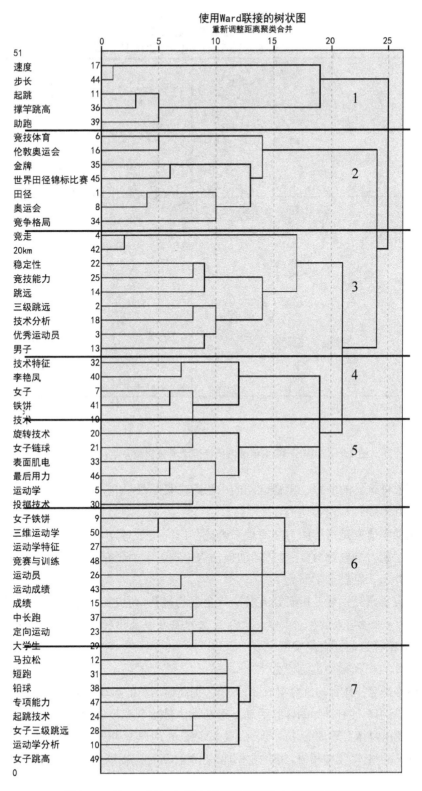

图 4.70　2010—2014 年国内田径运动科技文献聚类树状图

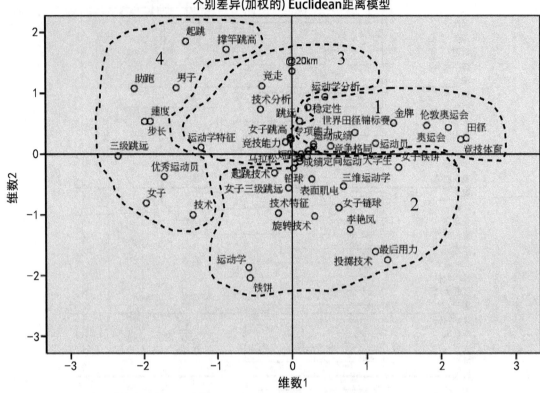

图 4.71 2010—2014 年国内田径运动科技文献多维尺度分析图

而达到提高人体机能的潜力。田径运动的中长跑项目是最早介入高原训练的。

(2) 类团 2：田径运动学研究

田径运动学研究是指运用力学原理来阐述和研究田径运动,主要是肌肉和关节之间的相互作用的生物力学规律,它还包括运动损伤等生物力学的研究。

(3) 类团 3：田径社会学研究

田径社会学研究主要是指研究人员从社会学的视角,研究田径运动与其他社会现象之间的相互关系,田径与人的社会行为、社会观念的关系以及田径运动的发展动力及制约因素,用以推动田径运动社会化发展。

(4) 类团 4：田径运动训练研究

运动训练是竞技体育的重要组成部分,是为提高运动员的运动成绩和竞技能力,在教练员的指导下,专门组织的有计划的体育活动。运动训练是实现竞技体育目标的重要手段。田径运动训练主要由身体素质训练、技术训练、战术训练、心理训练和恢复训练等组成,各项训练内容是一个有机的整体、相辅相成,其中技术训练是整体田径运动训练的核心。

4.4.3 小结

本节利用共词分析、多元统计分析方法(因子分析、聚类分析、多维尺度分析)对 1998—

2014年国内外田径运动科技文献的知识主题进行翔实的分析,从分析结果看(见表4.84),目前国外田径运动科技文献的知识主题概括为运动损伤的生物力学研究、田径生理学研究、力量与爆发力研究、疲劳与恢复研究、耐力训练等方面;而国内田径运动研究的主题主要体现在高原训练、田径运动学、田径社会学、田径运动训练等方面。有共同点,两者也存在差异。国内外都重视耐力训练,相比较而言,国外更加重视大众体育方面的研究,而国内更加重视竞技体育方面的研究。

表4.84　1998—2014年国内外田径运动科技文献的知识主题汇总表

范围	第一阶段 (1998—2003)	第二阶段 (2004—2009)	第三阶段 (2010—2014)
国外	皮质醇和睾酮类团、力量爆发力类团、田径生物力学研究类团、田径生理学类团、田径运动训练类团	预防康复流行性病学类团、体质健康与力量爆发力类团、疲劳与恢复类团、田径生物力学类团、田径生理学类团	运动损伤生物力学研究类团、田径力量训练类团、疲劳恢复及田径生理学类团、耐力训练与周期研究类团
国内	田径运动学研究类团、中长跑项目高原训练研究类团、跳类项目技术分析类团、田径教学与训练研究类团	刘翔与110m栏运动学研究类团、北京奥运会与田径运动研究类团、田径运动训练类团和田径运动生物力学研究类团	田径运动社会学研究类团、肌电和运动学训练类团、田径运动生物力学研究类团、田径运动训练研究类团

4.5　田径运动科技文献的主题演化图谱分析

田径运动研究主题演化是以关键词为节点,共现关系为边,对不同时间段构建共词网络图,揭示其研究领域科研主题的演化。内容同样是按照时间动态的顺序,划分为1998—2003年、2004—2009年、2010—2014年三个时间段。国内外田径运动研究在三个阶段主题是如何演化的?国内外田径运动研究主题演化的特征是怎样的?本节将对这些问题一一揭示。

4.5.1　国外田径运动科技文献的主题演化特征及趋势预测

1) 主题演化描述

通过因子分析、聚类分析和多维尺度分析等多元统计方法从较为宏观的视角对国外田径运动研究的研究主题进行分类,为了进一步体现田径运动研究主题演化的连贯性,体现时间序列的维度,本文借助 Neviewer 软件构建其主题演化的沉积图。首先,通过 Sati3.2 软件生成高频关键词,并构建关键词共现矩阵,将关键词共现矩阵导入到 Neviewer 软件中,第一阶段和第二阶段以6年为一个时间窗口,最后一个阶段以5年为一个时间窗口,形成时序共现网络。图4.72中矩形颜色表示主题,曲线表示演化的过程,色块高度表示社区的中心性,位置越高,它的中心性也就越高;主题的演化进程是通过色块的融合、分化来表示。如果前一个时段的颜色块在下一个时段分裂成两个或多个颜色块,则表示该研究的主题在下一阶段演化成两个或多个主题;如果前一阶段的两个或多个颜色块在下一阶段融合成一个颜色块,则表示研究主题的融合或新的主题产生(见图 4.72)。

如图 4.72 所示,1998—2003 年期间,出现了两个主题的分化,一是跑的生物力学与疲劳研究主题(running,biomechanics and fatigue),它分出一个田径生物力学研究主题,说明田径运动生物力学研究已成为 2004—2009 年期间主要研究主题;另外一个是训练能力与有氧吸收研究主题(training,performance and oxygen uptake),它分化成了运动员耐力训练研究主题,国外田径运动开始注重运动员以及大众的身体健康和体质方面的研究。同时,可以看出,力量训练、爆发力训练一直是整个国外田径运动研究的热点,中心性越来越高,说明它的作用也越来越重要。2004—2009 年期间,主题不断分化、细化,说明研究主题更加多元化,除了田径运动生物力学研究主题,还包括锻炼、跑步与机体成分研究主题(exercise,running and body composition)。2010—2014 年间,研究主题出现了主题的融合,形成了耐力运动能力研究主题,国外的研究更加注重大众健康和康复,这也契合了体育运动走向大众、走入生活、服务健康的未来趋势,研究取向更加注重多学科的综合。

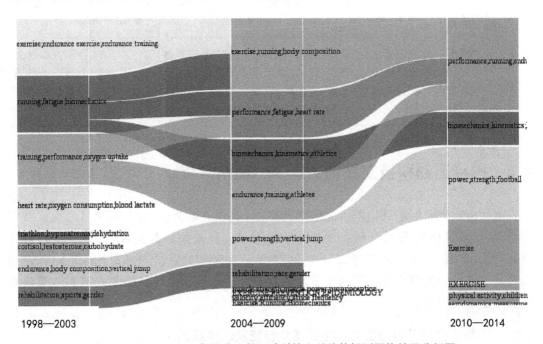

图 4.72　1998—2014 年国外田径运动科技文献趋势探测网络社区分析图

从主题网络社区的中心性来看,"exercise,endurance,training""exercise,running,body composition""performance,running,endurance"等主题网络社区都居于各阶段的最顶端的位置,这说明它们是各阶段研究的主流方向;如"running,fatigue and biomechanics"主题社区不断分化出"exercise,running and body composition""performance,fatigue and heart rate"和"biomechanics,kinematics and athletics"三个网络社区主题,研究主题不断细化、深入。2010—2014 年期间,"exercise,running and body composition""performance,fatigue and heart rate"和"endurance,training and athletics"三个主题又进行一次融合,形成了"performance,running and endurance"(长跑耐力训练运动能力研究社区)。

从网络社区的演化路径来看,随着时间的推移,国外田径运动研究的研究主题融合、分化现象不断增多,研究的广度和深度也在不断增强。部分社区,如第一阶段中心性居高的"exercise, endurance and endurance training"主题社区没有出现后继主题社区网络。从整个研究的发展趋势来看,力量、爆发力、纵跳等社区主题一直会是研究的未来趋势。通过上述社区网络分析结果,再与多元统计方法分析结果相互印证,这对国外田径运动研究的未来趋势具有较好的探测作用。

2) 主题演化特征分析

本研究借助 Neviewer 软件构建其主题演化的沉积图,并利用共词分析对各阶段研究主题的探析发现,国外田径运动研究主题演化的特征主要包括以下几个方面:一是运动生物力学在国外田径运动研究涉及的领域越来越广泛;二是跨学科是国外田径运动的研究方向;三是力量和爆发力研究一直是田径运动研究的热点;四是重视大众健身和康复方面的研究,研究的视角较为微观。

(1) 运动生物力学在国外田径运动研究涉及的领域越来越广泛

"biomechanics"一词来源于希腊语"bios"(生物)和"mekhaniki"(力学)两词,也就是说生物力学是研究生物形式的力学研究。在人类的生物力学研究中,主题范围从骨骼、牙齿、肌肉、肌腱、软骨、皮肤、假体、血液流动、气流、眼睛运动、关节运动等的力学研究到全身运动的力学研究。运动生物力学研究主题主要包括运动损伤、临床评估、康复、人体工程学和运动。通过研究发现,运动生物力学研究在田径运动研究涉及的领域越来越广泛,它在田径运动研究主要包括两个方面:一是田径运动损伤的生物力学研究;二是理解与体育运动相关的运动表现。

田径运动带来的运动损伤包括很多,比如踝关节损伤、膝关节损伤、肌肉拉伤、韧带拉伤或断裂等。研究表明,增加躯干弯曲和增强腘绳肌力量与减少膝关节前交叉韧带损伤密切相关;同时,理性决策会影响到落地生物力学和评估落地/切入生物力学动作。因此,教练员应当重点加强运动员腘绳肌肌肉力量的训练,并鼓励运动员将躯干伸展练习融入落地/切入动作的训练活动中去,从而减少膝关节前交叉韧带损伤的发生。

第二方面是如何理解与体育运动相关的运动表现。以跳高项目为例,它主要是回答下列问题:一是什么是跳高运动助跑的最佳速度;二是为了以最快的方式进行,脚的位置如何来调整;三是为什么跳高使用弧线助跑是最有效的方法。可以看出,理解与体育运动相关的运动表现的研究主要是回答"What"(是什么)、"How"(怎么样)和"Why"(为什么)三个方面的问题,对这些"What""How""Why"等问题的回答,对运动员、教练员和科学家来说至关重要。对这些问题的解决主要采用两种方法:一种是实验研究;另一种是理论方法。

(2) 跨学科是国外田径运动研究的方向

如表 4.85 所示,从学科分布来看,国外田径运动研究主要集中体育科学、生理学两大学科;体育科学 1 859 篇,占 61.4%;生理学的文献有 404 篇,占 13.3%,其中心性为 0;矫形学学科的文献有 142 篇,占 4.69%,其中心性高达 0.52。可以看出体育科学、生理学和矫形学在田径运动研究中的突出地位。除此之外,国外田径运动研究还涉及社会科学、康复学、心理学、内科学、医学、营养和饮食等学科方向,田径运动研究学科已经发展到涉及多学科、多视角的研究。

表 4.85　1998—2014 年国外田径运动科技文献学科分布表

排序	学科	频次	中心性	出现时间
1	体育科学	1 859	0.52	1998
2	生理学	404	0	1998
3	矫形学	142	0.52	1998
4	社会科学	134	0.53	1998
5	服务业	133	0.02	1998
6	心理学	104	0	1998
7	康复	99	0.21	1998
8	一般医学与内科医学	64	0.30	1998
9	医学	48	0.21	1998
10	营养与饮食	43	0	1998

（3）力量和爆发力研究是田径运动研究的未来趋势

力量训练和爆发力练习是现代田径运动训练的重点内容，运动员只有具备良好的力量素质和爆发力素质才能在田径运动训练和比赛中获得优异的运动成绩。因此，教练员在田径运动实践中，总是在不断地探索训练方法和手段。研究发现，振动训练（Vibrating Training, VT）、组合训练（ComplexTraining, CT）和功能训练（Functional Training, FT）被认为是国际上发展肌肉力量和爆发力常见的训练手段。

VT 结合传统的抗阻训练比单独进行抗阻训练能够取得更大的训练效应，提高运动员的神经肌肉能力。虽然缺乏关于 VT 效应的严格控制研究，但是业界普遍认为 VT 能为提高力量和爆发力带来短期和长期的影响。影响发展力量和爆发力的振动效果主要取决于振动特征（应用方法、振幅和频率）和运动计划（训练类型、训练的量和强度）。VT 不仅能够发展力量和爆发力，而且还能对疲劳恢复、预防损伤、康复等起着重要的作用。

许多项目需要运动员同时具备力量和爆发力的最佳状态，然而由于时间的限制，有时很难保证充足的训练和恢复时间来促进力量和爆发力的发展。CT 作为一种有效的发展运动员力量和爆发力的训练方法，深受教练员的喜爱。在实施 CT 时，教练员应当考虑到训练时间、训练年限、绝对力量的大小、训练内容的选择、负荷、持续时间以及恢复时间。个人是对整个训练反应的应答者。Matthews 和 Comfort 认为，当用 CT 来发展运动员的力量和爆发力时，运动员不能在疲劳状态下进行，训练内容不应当引起代谢疲劳，训练的重点是动作的高速度和质量。研究表明，CT 能够改善运动员的力量和爆发力素质，尤其是长期训练；同时，保证运动员充足的休息，它不会降低运动员的运动表现。

在体能训练和康复领域，目前最流行和增长最快的就是功能训练。教材和文献已经用"Functional（功能）"来反映训练、锻炼和康复。从本质上来说，身体功能训练的目的是将情景需求和现实生活的约束（包括体育赛事）融入训练环境中来提高训练效率。实际上，功能训练主要包括一系列敏捷性训练、闭链运动，比如瑞士球等平衡练习，目的是发展机体的生理系统和神经肌肉系统，从更小范围来说，就是发展动作能力。功能训练被认为是试图模拟现实生活中人们具体生理需求的训练手段,然而大部分功能训练都会忽视生理、神经适应性的因素,首先是与体育运动相关的认知因素,然后才是提高生理和神经运动的适应性。Jeffrey C(2003)提出了一个基本原理,并设计了功能训练的框架,其中融入了认知因素,这个框架吸收了当前动力系统理论、心理技能训练和动作学习控制等理论的当前最新进展和强有力的实践证据支持。

(4) 越来越重视大众健身和预防康复方面的研究,研究视角相对微观

田径运动作为"运动之母",不仅受到群众的欢迎,而且不受场地、器材的限制。经常参加田径运动对促进身心健康、预防一些慢性疾病、抑制肥胖都起到重要的作用。在国外,人们比较喜欢关注大众健康和推崇先进的生活方式和理念。纵观国外田径运动研究,国外科研工作者一方面关注田径运动对健康的良好促进研究,另一方面比较关注田径运动常见运动损伤的预防、康复。

4.5.2 国内田径运动科技文献的主题演化特征及趋势预测

1) 主题演化描述

国内同样借助 Neviewer 软件构建国内田径运动研究主题演化的沉积图。

首先,通过 Sati3.2 软件生成高频关键词,并构建关键词共现矩阵,将关键词共现矩阵导入到 Neviewer 软件中,第一阶段和第二阶段以 6 年为一个时间窗口,最后一个阶段以 5 年为一个时间窗口,形成时序共现网络。图 4.73 中矩形颜色表示主题,曲线表示演化的过程,色块高度表示社区的中心性,位置越高,它的中性性也就越高;主题的演化进程是通过色块的融合、分化来表示。如果前一个时段的颜色块在下一个时段分裂成两个或多个颜色块,则表示该研究的主题在下一阶段演化成两个或多个主题;如果前一阶段的两个或多个颜色块在下一阶段融合成一个颜色块,则表示研究主题的融合或新的主题产生。

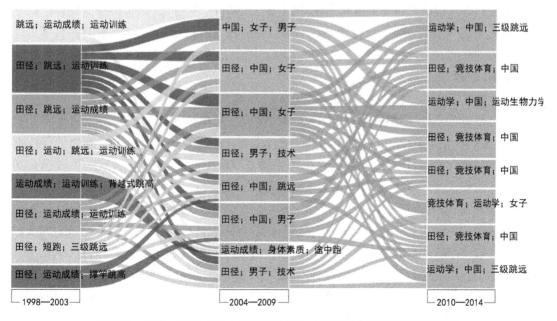

图 4.73　1998—2014 年国内田径运动科技文献趋势探测网络社区分析图

如图 4.73 所示,1998—2003 年期间出现了主题的分化,其中"田径、跳远和运动训练"主题分化最显著,其他主题也呈现一定程度的分化,而在主题融合上却不明显。2004—2009 年期间,研究主题不断分化,主要包括 110 m 栏与刘翔研究主题、田径运动训练研究主题、运动成绩与身体素质主题等。在这一阶段,研究主题不仅存在着分化,而且出现主题的融合。2010—2014 年期间,结合知识主题部分内容,融合新的研究主题"北京奥运会和田径运动",可以看出,北京奥运会在北京的成功召开,给全国人民的影响是全方位的。同时融化生成了田径运动肌电和运动学研究主题,生物力学在国内田径运动研究中一直受到重视,研究重点放在不断改进运动员能力的技术,为提高运动成绩和竞技能力服务;而生物力学在大众健身和运动损伤预防康复等方面研究相对较少。

从主题网络社区的中心性来看,"跳远、运动成绩、运动训练""中国、男子、女子""运动学、中国、三级跳远"等主题网络社区居于各阶段的最顶端的位置,这说明它们是各个阶段研究的主流方向。第一阶段,"田径、跳远、运动训练"主题不断分化,分化到第二阶段的各个主题中;第二阶段,主题出现了融合,"田径、中国、女子""田径、男子、技术""田径、中国、跳远""运动成绩、身体素质、途中跑"等主题融合成"三级跳远运动学"网络社区。

从网络社区的演化路径来看,随着时间的推移,国内田径运动研究主题的融合、分化现象不断增多,研究的广度和深度也在不断增强。第一阶段基本上都是主题分化,第二阶段都是主题融合。从整个研究的发展趋势来看,跳远、三级跳远、技术、运动成绩、运动训练、竞技体育是国内田径运动研究的热点。通过上述社区网络分析结果,再结合多元统计方法(因子分析、聚类分析和多维尺度分析),分析结果相互印证,对国内田径运动研究的未来趋势具有较好的探测作用。

2) 主题演化特征分析

本研究借助 Neviewer 软件构建了国内田径运动研究主题演化的沉积图,并结合利用共词分析对各阶段研究主题的探析发现,国内田径运动研究主题演化的特征主要包括以下 4 个方面:一是重视运动生物力学为田径运动提供科技支持;二是运动训练研究一直是田径运动研究的热点;三是国内田径运动研究比较重视竞技体育方面的研究;四是研究的视角较为宏观、中观。

(1) 重视运动生物力学为田径运动提供科技支持

以加拿大为例,他们国家的竞技体育成绩(特别是夏季奥运会成绩)总体上可能不如我国,但是他们生物力学科研工作者与我国一样,为竞技体育运动项目提供了有力的科技支持。我国竞技体育实行的是举国体制,运动生物力学研究形成了自己的特色,为我国在国际大赛中取得优异成绩起到了积极的辅助作用。运动生物力学科研工作者要继续保持在此领域的研究,为我国竞技体育的综合实力的不断增强做出贡献。

运动生物力学作为生物力学的一个重要分支,是研究体育运动中人体机械运动规律的科学。经过 30 年来飞速的发展,其应用范围扩展到航空航天、医学、康复、体育、军事等领域,它对提高运动能力、分析和诊断体育运动技术、预防运动损伤、探索运动训练规律、设计和改进运动器材设备等方面发挥越来越重要的作用。运动生物力学在田径运动中的应用主要包括运动学、动力学、计算机仿真法。

① 运动学测试的方法主要采用高速摄像和录像,它作为一种非接触性的测量手段,

在不影响运动员训练和比赛的情况下，获得人体的运动学参数。通过运动学参数的分析，可以发现运动员训练和比赛过程中存在的问题，对运动技术进行诊断和改进，以期在今后训练和比赛中取得更好的成绩。谢慧松(2015年)以我国女子优秀撑竿跳高运动员李玲为研究对象，运用影片拍摄法和影片解析法等方法对李玲助跑与起跳阶段技术进行分析与诊断，研究发现，保持快速助跑状态下的加速节奏是优秀撑竿跳运动员取得优异成绩的关键因素。

② 动力学研究主要研究肌肉力学，属于基础研究。通过对运动员的肌肉力量指标进行测定，才能了解运动员身体各环节的运动能力和力量发展水平，为运动训练提供参考。目前动力学测试一般使用CYBEX测试系统。檀志宗等(2014年)以上海市田径运动员为研究对象，运用CYBE-Norm型等速肌力测试，研究发现，受伤侧腘绳肌峰力矩角度明显增大，建议在训练中适当增加离心训练，有助于减少腘绳肌的损伤。

③ 计算机仿真法也称计算机模拟，是以计算机和各种物理设备为工具，利用系统模型对实际或设想的系统进行试验的一门综合技术，它在田径领域已经被广泛采用。王倩(2001)通过查阅文献和试验数据，建立数学模型并对标枪飞行轨迹进行计算机仿真，对影响标枪飞行远度的因素进行了系统的分析。

除了前面三种方法，目前比较流行的方法还有神经网络和有限元方法。

(2) 运动训练仍是国内田径运动研究的未来趋势

运动训练是竞技体育的重要组成部分，是为提高运动员的运动成绩和竞技能力，在教练员的指导下，专门组织的有计划的体育活动。运动训练是实现竞技体育目标的重要手段。田径运动训练主要由身体素质训练、技术训练、战术训练、心理训练和恢复训练等组成，各项训练内容是一个有机的整体、相辅相成，其中技术训练是整体田径运动训练的核心。我国田径运动水平不断提高，离不开田径运动训练科学化水平的不断提高，离不开科研人员做出的大量工作。研究表明，法特莱克训练、间歇训练、反应力量训练和"板块"周期训练模式是田径训练过程中形成的经典训练方法和理论，目前已发展成对诸多运动项目具有重要作用的一般训练方法和理论。

(3) 国内田径运动研究比较重视竞技体育，而大众体育研究相对较少

从国外田径运动研究来看，他们比较重视大众体育方面的研究。然而，我国田径运动研究却重视竞技体育方面的研究，这与我国的国情相关。旧中国比较贫穷，人们生活水平比较低下，吃饱肚子是最基本的要求。新中国成立后随着生活水平的不断提高，人们开始从事体育活动，为了在世界舞台上取得比较好的成绩，我国实行了举国体制的竞技体育模式，在国际舞台上取得了比较好的成绩。以北京奥运会为例，我国取得金牌第一的好成绩，我国金牌和奖牌总数一直排在前三名，实现了体育强国梦。然而竞技体育强了，我们的体育就强了吗？其实不然，据统计，我国中小学生的体质不但没有提高，相反还有下降的趋势，青少年学生肥胖率、近视人口不断增加。目前，我国在体育方面的政策导向开始发生转变，逐步转向大众体育和群众体育，提出了强国体育的宏伟蓝图。作为田径运动的科研工作者，在不断追求田径运动科学化的同时，也要不断拓宽研究领域，帮助人们解决日常生活和体育锻炼过程中出现的问题，为全面实现全民健身计划贡献力量。

同时，我国田径运动研究的主题主要还是对运动技术的分析与诊断，在工业医学、体育

产业方面的研究相对较少。国外田径运动研究在工业医学和体育产业等方面的研究开始引起我国研究人员的注意。因此,我国田径运动研究不能单一地为竞技体育服务,而应该逐步向工业医学、人体工程学倾斜,为国民经济和体育产业的快速发展服务。

(4)国内田径运动研究的视角较为宏观、中观

通过知识主题和主题演化部分内容的研究,我们发现,国内田径研究主要包括田径运动教学、田径运动训练、田径运动生物力学、田径运动社会学等方面,可以看出国内田径运动研究较为宏观、中观。詹建国从宏观的视角,运用归纳与演绎等方法,对田径社会化、市场化、职业化发展过程中存在的问题进行系统分析,认为田径运动社会化、市场化和职业化发展是一个长期的社会过程,应正确处理好改革与发展中的一系列实际问题。郝佳春以田径文化为切入点,认为我国田径文化是缺失的,对其进行唤醒和构建对当前我国田径运动乃至整个体育运动的发展具有重要的促进作用。

4.6 田径运动科技文献知识图谱差异的影响因素分析

4.6.1 国内外田径运动科技文献知识图谱的差异

运用知识图谱的理论与方法,本章第 2 节至第 5 节分别对国内外田径运动科技文献的研究力量、知识基础、研究主题和主题演化进行了详细的分析,1998—2014 年国内外田径运动科技文献知识图谱研究具体结论如下:

从研究力量来看,从 Web of Science 数据库来看,田径运动研究参与的国家有 56 个,而从 CSSCI 数据库来看,田径运动研究参与的国家就中国一个;高校是国内外田径运动研究的主要阵地;国外田径运动研究高产作者之间的内部合作和外部交流是越来越好,而国内外高产作者之间的内外部合作交流是越来越差。

从知识基础来看,J APPL PHYSIOL 和 MED SCI SPORT EXER 是国外田径运动研究的主要期刊;《北京体育大学学报》《中国体育科技》是国内田径运动研究的主要期刊,它们承载着田径运动研究的知识基础。

从研究主题来看,国外田径运动科技文献的研究主题概括为运动损伤的生物力学研究、田径生理学研究、力量与爆发力研究、疲劳与恢复研究、耐力训练等方面;而国内田径运动研究主题主要体现在高原训练、田径运动学、田径社会学、田径运动训练等方面。两者有共同点,也存在差异。

从主题演化来看,力量和爆发力研究一直是田径运动研究的热点和未来趋势;国外田径运动研究越来越重视大众健身和预防康复方面的研究,研究视角较为微观。运动训练一直是国内田径运动研究的热点和未来趋势;国内田径运动研究比较重视竞技体育,而大众体育研究相对较少;国内田径运动研究的视角较为宏观、中观。

国内外田径运动科技文献在研究力量、知识基础、研究主题、主题演化等方面存在诸多差异,研究在于知其差异,更要探究其差异的影响因素,进而对国内外田径运动研究的不同有更深入的认识,做到知其然亦知其所以然。鉴于此,本研究下面通过冰山理论来分析两者差异的影响因素。

4.6.2 影响因素分析

"冰山理论"来源于心理学。弗洛伊德在其著作《自我和本我》中将人格形象地定义为"冰山",并将冰山分为"冰上部分"和"冰下部分",并指出,冰下部分才是决定个人发展和行为表现的决定力量。Polanyi 在他的著作中将知识分为显性知识和隐性知识。唐文惠(2011)利用冰山理论,提出了图书馆学科馆员胜任力模型,模型主要包括知识、技能、工作态度和意识 4 个方面维度,每个维度又包括胜任力特征;显露在水上的为知识和技能维度,埋藏在水下的为工作态度和意识;研究认为,人类知识的 20% 由显性知识组成,剩余的 80% 是隐性知识,显性知识和隐性知识共同构成人类知识的冰山。汪寿阳(2015)提出了商业模式冰山理论,运用系统科学的方法对商业模式进行分析,其核心思想是商业模式根植于其所处组织自身条件匹配集成的复杂系统。通过前人的研究,我们可以看出,人们通常把复杂事物分为显性部分和隐性部分来解释。显性部分一般指知识、技能、行为等方面;隐性部分包括职业道德、职业意识等方面。廖玫(2007)通过对广东省高校体育教师的科研现状进行调查分析,列举了影响高校体育教师科研能力的内部和外部影响因素,为本研究进行因素分析提供了支持。田径运动研究作为体育科学研究的一部分,已经形成了相对成熟的知识体系,科研人员构成科研工作的主体,说明运用冰山理论具有较大的适用性。1998—2014 年国内外田径运动科技文献知识图谱存在的差异,是显性因素和隐性因素共同影响和相互作用的结果,本研究试图通过冰山理论来解释田径运动科技文献知识图谱差异的影响因素,具体分析框架见图 4.74。由图 4.74 可以看出,显性因素包括知识技能、科研投入及分配、科研管理体制三个方面;隐性因素主要是价值观及敬业精神、行为规范、科研保障、科研激励机制、科研动机及态度、科研环境、媒体及行业的竞争等方面,通过这些因素的分析,探讨我国田径运动研究主要在哪些方面存在不足,在此基础上为我国田径运动研究工作提出建议,提供参考。

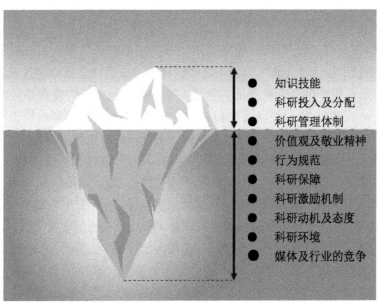

图 4.74 田径运动科技文献知识图谱差异影响因素冰山图

1) 显性因素

（1）知识技能

田径运动研究对人类的存在、生命的延长、生活质量的提高等起到了积极有效的推动作用。田径运动研究的科研工作者主要由高校体育教师、体育科学研究所研究人员、体育教练员组成，他们的知识技能是科学训练实施的基础。田径运动是一项体能、技能、心理、战术要求极高的运动项目，田径运动科研人员不仅需要不断调整和完善自身的知识结构，还需要具备相应的技能，并运用到训练与比赛中。在知识方面，应加强体育学科或田径专业知识的补充与完善；在技能方面，面对学科发展的需求，应从多学科和多视角把握当前的研究前沿与研究方法。通过田径运动研究主题演化图谱分析，我们发现，国外田径运动研究的视角相对微观，而国内相对宏观、中观。

以运动生物力学研究为例。在国外，运动生物力学是教练员等科研人员岗位培训的重要内容。美国和加拿大等许多专项体育协会都将运动生物力学列为中高级教练员的必修课，通过学习可以掌握运动生物力学的基础知识、研究手段等方面的应用。运动生物力学研究领域比较广泛，主要集中在健康、工业和医疗有关的一些领域，如脊柱的生物力学、步态分析等。国外竞技体育方面的研究较少，集中在一些优势项目上。通过对体育核心期刊收录的运动生物力学方面的论文来看，运动技术分析仍是我国生物力学研究的主要内容。与国外相比较，国内研究领域显得非常狭窄，有关大众健身、运动损伤预防等方面的研究相对较少。

随着人们生活质量的提高和体育市场的不断扩展，我国田径运动研究要从单一竞技体育逐步向全面健康、大众健身、工业医学等领域拓展。同时，科研人员注意科研论文的选题和科研设计，在国际上发表具有高质量的科研论文，注重科研成果的转化。

（2）科研投入及分配

田径运动研究要想持续不断发展进步，离不开国家及相关部门在经济上的投入，同时，田径运动研究不是单一的环节，而是一个完整的过程，需要资源不断持续地投入与支持，包括人力、财力、物力等方面。在人力方面，国家应该培养一批懂田径、对田径运动有高价值认同感的人才；在财力和物力方面，国家或相关部门要持续为科研人员开展科研工作提供物质支持，以保证田径运动科研水平处于较理想状态。田径科研经费的投入是保证我国高校田径科研人员科研产出和成果质量的物质保障，同时，也是促进我国田径运动研究发展的重要因素。研究发现，作为经济发展较好的广东省，高校体育教师的科研经费却严重短缺而且经费来源途径也较为单一；同时，高校的图书情报资料也严重不足。

世界上绝大多数国家都是由政府部门提供物质支持开展体育事业，只有3个国家的奥运会运动员没有得到政府的财政支持（美国是其中的一个）。以俄罗斯为例，从2005年到2008年投入120亿卢布（约5.1亿美元）备战北京奥运会；英国每年花费6 000万英镑训练运动员，为了准备2012年伦敦奥运会政府对训练年轻运动员提供资金支持；保加利亚、奥地利、爱沙尼亚、法国、德国、意大利、拉脱维亚、立陶宛、罗马尼亚、斯洛文尼亚、西班牙的国家和地方政府财政是本国年轻运动员训练的主要资金来源。国外在注重竞技体育方面投入的同时，还重视在全民健身等方面的投入。我国政府是以国家力量介入竞技体育。以2010年为例，国家财政拨款14.6亿元作为国家体育总局直属机关及其43个事业单位的运行经费。

我国已经取得了竞技体育科研的丰硕成果,然而在全民健身科研方面明显落后。体育科研主要是针对高水平的运动员提供服务,而针对重要的广大人民群众服务很少,这与体育科研经费在全民健身方面投入不足有关。从近年来国家体育总局科研项目招标来看,几乎没看到全民健身方面的课题。体育经费的投入方面起到科研"指挥棒"的作用,我们要加大在全民健身科研方面的投入,使"竞技"和"全民"两个方向协调发展,让我们的科研进入新的发展阶段。

(3) 科研管理体制

科研管理体制实质上是指从事科研活动的管理过程中所采取的全局性的组织制度以及管理方式的总结。科研管理体制的完善可以提高科研人员的综合素质,最大限度地转化科研成果,使得科研管理组织形成一个有效运转的有机系统。现阶段,我国体育科研管理体制仍存在着与市场经济的竞争要求形成反差,科研要素配置的合理性、流动性不足,与市场经济的关联性不吻合等很多问题。

20世纪80年代,随着我国田径管理中心的成立,经过30年的努力,田径管理中心发挥了专项管理的作用,但也暴露了不少问题。因此,建设有中国特色的田径协会制度,并向实体化发展是我国田径体制改革的关键。目前,我国田径运动的一些相关法律法规主要体现在《中华人民共和国体育法》上。健全的法律法规能够为田径运动市场化提供保障,也给田径运动科研的整体发展带来帮助。田径运动科学研究要健康快速发展,离不开对田径运动研究的内部治理和规范。因此,只有加快田径运动研究的立法,以法律的形式规范田径运动研究,给田径运动研究提供一个可靠的、良好的制度环境,才能保证田径运动研究快速、健康地发展。

2) 隐性因素

(1) 价值观及敬业精神

价值观是指个人对客观事物及自己的行为结果的意义、作用、效果和重要性的总体评价,是推动并指引一个人采取决定和行动的原则、标准,是个性心理结构的核心因素之一。它使人的行为带有稳定的倾向性。价值观是人用于区别好坏、分辨是非及其重要性的心理倾向体系。价值观的作用大致体现在两个方面:一是价值观对动机有导向的作用;二是价值观反映人们的认知和需求状况。敬业精神是人们基于对一件事情、一种职业的热爱而产生的一种全身心投入的精神,是社会对人们工作态度的一种道德要求,它的核心是无私奉献意识。低层次的功利目的的敬业,是由外在压力产生;高层次的发自内心的敬业,是把职业当作事业来对待。

国内外科学研究取得的成绩存在的差异,在一定程度上与他们在科学研究上的价值观和敬业精神是分不开的。美国的核心价值观是"诚信、客观、负责、守法"。1989年美国健康研究院就开始进行培养博士研究生和博士后研究生在职业道德等方面的教育项目。这些教育项目是根据成人要求来设置,围绕培养学生负责行为等能力。其中最重要的一项能力就是应将个人的价值观与其专业领域的价值观密切联系在一起,并能将高尚的科学道德和敬业精神放在个人价值观之上。这是科研人员职业生涯开始必须完成的一项重要任务。

提高田径科研人员在科研活动中的价值观和敬业精神是体育学术界促进科研行为的

重要举措之一。根据田径运动研究的知识图谱分析,针对培养科研人员的价值观和敬业精神,首先,科研工作人员作为社会公众的一员,一定要有强烈的敬业精神;其次,作为科研工作人员职业的特殊性,一定要有崇高的职业道德;最后,科研成果服务社会,科研工作人员一定要有强烈的责任心。

(2) 行为规范

科研行为规范是科技创新团体必须遵守的规则,主要包括科研行为的道德准则、行为人的自律责任、科学不端行为处理等。在我国高校职称评定时,核心期刊论文的数量已成为职称晋升的一项重要指标。在评定时只重视核心论文的数量,忽略核心论文的质量要求,是认识上的一个误区。刘永林等(2011)指出,我国高校体育科研存在泡沫化和不良风气现象,认为科研人员职业道德低和科研管理体制不健全是其主要原因。

为保证体育科研工作的科学性和严肃性,使体育科技创新工作健康持续发展,进一步加强体育科研行为规范建设,现就有关问题提出如下意见:一是要建立体育科研人员的行为规范,主要是科研行为的道德准则、行为人的法律责任以及科研不良行为的处理等;二是加强学术环境建设,在学术面前人人平等,尊重学术自由,提倡学术争鸣,监督并保障学术质量,营造和谐融洽的学术氛围;三是对学术不端行为的处理,对学术作风不端的科研人员进行处理时,一定要本着实事求是、慎重的态度,维护当事人的正当权益。

(3) 科研保障

科研保障因素是指为运动员提供科技支持的服务因素,主要包括科研攻关、科研服务、科研仪器等。随着世界田径运动的快速发展和竞技水平的不断提高,世界各国都非常重视科研攻关和科学服务在田径运动中的应用,并不断将其他学科的先进知识、理论应用到田径运动科学实践中,使运动水平不断提高。

在处理基础研究和实际应用问题上,国外田径运动研究与实际的结合更加紧密,很多研究都是为了解决日常生活和训练中的小问题。以加拿大西安大略大学划船中心为例,他们所做的奥运保障有两个方面的工作:一是用运动生物力学进行技术分析;二是用营养分析解决运动员体重和体成分问题。教练员给科研人员提供具体的解决办法,最终科研给予训练很大的帮助。

结合竞技体育,国内对奥运会的科研保障也做了很多工作。西安体育学院田径奥运攻关团队一直致力于我国田径奥运攻关与科技服务,先后为我国田径运动员备战2008年北京奥运会、2012年伦敦奥运会提供科技服务与支持。周家颖教授也被国家体育总局聘为"备战2016年里约奥运会国家田径队投掷项群组科研团队负责人"。还有广东省科技厅项目"广东省举重、田径及曲棍球优秀运动员力量水平评价体系的构建与应用",该课题研究通过综合运用等速肌力测试系统、三维测力台系统、影像分析系统等仪器,对广东省田径、举重及曲棍球队优秀运动员各关节、腰背及上下肢肌力水平进行测试,建立数据库。通过分析不同测试过程中专项动作完成情况的相关性,应用数理统计方法建立具有一定专项特色的、适合运动员力量素质测试、评价的指标体系,为力量训练或康复手段的选择提供科学依据和理论支撑。在非技术项目上的技术保障涉及的是机能评定和营养补充,不是这些保障不重要,而是为了更好地预防损伤。

(4) 科研激励机制

激励机制则是指在组织系统中,激励主体与激励客体之间通过激励因素相互作用的方式,是以制度化为基础,以人为中心的人力资源管理系统。而科研激励机制主要是指从高校科研人员综合需求出发,分析科研激励因素,确定科研激励原则,通过构建动力机制、运行机制、调节维持机制以及反馈机制来建立完善的激励机制。

研究表明,我国广东地区高校体育教师的职称评定要求一定数量和质量的研究成果,而且随着职称级别不断提高,要求是越来越高。从激励机制来看,存在着重视物质激励、轻视精神激励的作用;形式上以正面激励为主,这在一定程度上还是会影响科研人员的主动性与积极性。寇楠指出,高校科研激励机制应从动力机制、运行机制、调节机制、反馈机制4个方面出发,进行完善高校科研激励机制研究,使高校科研激励各机制之间成为一个整体、不可分割关系(见图4.75)。

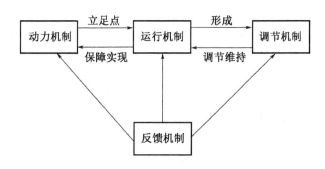

图 4.75 高校科研激励机制关系图

(5) 科研动机及态度

动机是指能引起、维持一个人的活动,并将该活动导向某一目标,以满足个体某种需要的念头、愿望、理想等。田径运动科研人员的科研动机衍生于田径科研人员的内驱力与需求。根据动机的定义及科研特点和作用,科研动机可以理解为驱动田径运动科研人员积极参与科研活动的心理动力,对田径运动科研人员的科研行为有激活、维持和调节的作用,而在田径运动科研活动中,田径运动科研人员科研动机的具体表现形式为田径运动科研人员的科研积极性、科研态度以及科研行为等。

田径运动科研人员对于科研地位重要性的认识程度决定着田径运动科研人员的科研态度,若田径运动科研人员对科研地位的认识不到位,则科研态度自然不是很积极。其中中青年教师的科研目的更加功利化。为了纠正田径运动科研人员的科研动机,各高校的体育职能部门应加强田径运动科研重要性的思想意识教育,同时在进行岗位聘任和职称评定时,应增加对科研论文的要求。激发高校田径运动科研人员科研动机的具体途径有:外在动机的激发,内在动机的激发,激励措施应因人而异,各种激励措施协调统一,充分利用动机理论引导体育教师的科研活动。

(6) 科研环境

科研环境主要从三个方面考虑:一是法律政治环境;二是经济环境;三是文化环境。田径运动科研创新的发展同样受到自身因素和环境因素的影响。在美国,田径运动研究并没有明确的科研管理部门,主要利用实用主义来指导他们的研究,政府不干预他们哪些项目能研究、哪些项目不能研究,更没有任何个人来引导其研究方向,但是田径运动科研工作者们的科研项目必须有市场价值,这样才能申请经费,大比例的经费主要用于大众健身、医疗康复和人体健康等研究领域。美国作为世界田径运动研究的中心,与他们有强大的经济支持、宽松和平的社会政治环境以及有利于开展田径运动研究的文化、环境教育有关,他们的发展经验对我国田径运动研究的发展是具有启示意义的。

近年来,随着国家自然科学、哲学社会科学以及国家体育总局等项目的资助,吸纳了一批优秀人才积极参与研究,取得了许多优秀成果。例如,钟运健(2014)通过建立下肢肌肉做功模型以及下肢骨骼肌系统模型,分析肌长度速度与应力变化,并对单位面积功率和做功总量进行量化,从生物力学视角分析短跑运动员下肢双关节做功特征以及损伤风险。还有,许多高校高度重视实验室和学科基地的建设,并通过"长江学者计划"等人才引进计划,吸收大量优秀人才,为他们提供优厚的条件和宽松的科研环境。

(7)媒体及行业的竞争

媒体主要有电视、网络、报纸、期刊等。信息技术的发展,为田径运动研究的开展提供了强大的动力。目前,我国田径运动社会化程度不高的原因主要是我国田径运动的宣传力度不够。以国内的田径大奖赛为例,观众稀少,赞助商不多,市场冷清,职业化程度不高。针对这些问题,应加大田径运动的宣传力度,提高全民参与田径运动的热情,培养人们参与田径的意识以及对田径运动的兴趣。一些专业的媒体有助于科研人员了解当前的新形势和新趋势,并帮助他们创新和不断进步;同时期刊和学术会议能够为科研人员提供一个学术交流的平台,将自己的新科技文献展示出来,并形成一定的社会影响力和社会效益,从而提升自己在国家或在国际上的影响力和公信力。从行业的竞争来看,主要是体现在科研人员如何在竞争中保证自己的竞争优势,这就需要我们科研人员挖掘不同的研究内容,并将其做细做深,形成自己独特的竞争优势。

纵观国内外田径运动研究的发展历程,我国田径运动研究一方面要坚持本土化的发展,发挥我国竞技体育"举国体制"的优势,将田径运动更加全面地推向世界;另一方面更要借鉴国外田径运动的发展经验,丰富研究主题,营造良好的科研环境,建立规范的科研管理机制,以提高我国田径科研人员的学术水平,推动我国田径运动快速、健康发展。

5 结论与建议

5.1 结论

（1）通过国家/地区、机构、作者的知识主题图谱分析，了解国内外田径运动的研究力量，结果发现，三者均具有集中与离散并存的非均衡特征；美国是国际田径运动研究的中心，高校是田径运动研究的主要阵地。国外形成了以 Noakes T D 为代表的作者群；国内形成了以骆建为代表的作者群。

（2）通过对期刊、文献、被引作者知识客体图谱分析，洞悉国内外田径运动研究知识基础，结果发现，三者网络呈现复杂网络的特征。Med Sci Sport Exer 是国外田径运动研究最高被引频次期刊，形成以它为代表的期刊共被引复杂网络；国内形成了《北京体育大学学报》为代表的共被引期刊网络，它们是田径运动研究的主要载体。作者 Costill D L、Lucia、Knechtle B 是国外田径运动研究的高被引作者，文超、田麦久是国内田径运动研究高被引作者，他们是国内田径运动研究的核心作者，掌握着田径运动研究知识流动的方向。

（3）通过对田径运动科技文献知识主题图谱分析，识别国内外主流的研究主题。运动损伤的生物力学研究、田径运动生理学研究、力量与爆发力研究、疲劳与恢复、耐力训练等是国外田径运动研究的主题；而国内主要集中在高原训练、技术分析与诊断、田径运动社会学、田径运动训练等研究领域。

（4）通过对田径运动科技文献主题演化图谱分析，力量和爆发力一直是国外田径运动研究的未来趋势，重视大众健身和预防康复方面的研究，研究的视角较为微观；而田径运动训练是国内田径运动研究的热点及未来趋势，重视运动生物力学对田径运动的科技支持作用，研究的视角较为宏观、中观。运用冰山理论对田径运动科技文献知识图谱差异的影响因素进行分析。

5.2 建议

（1）纵观国内外田径运动研究的发展历程，我国田径运动研究一定要坚持本土化的发展，发挥我国竞技体育"举国体制"的优势，将田径运动更加全面地推向世界。

（2）借鉴国外田径运动的发展经验，丰富研究主题，营造良好的科研环境，建立规范的科研管理机制，提高我国田径运动科研人员的学术水平，推动我国田径运动快速、健康地发展。

6 研究的创新点与不足之处

6.1 研究的创新点

6.1.1 研究对象的创新

知识图谱自 21 世纪创立之后,在管理学、经济学、传播学、信息学等学科领域迅速渗透,取得了较快的发展。但是,在田径运动研究方面,没有学者运用知识图谱对田径运动研究进行宏观把握。因此,本研究的第一个创新之处便在于拓宽了知识图谱的具体运用。

6.1.2 研究方法的创新

本研究首次将知识图谱的理论与方法运用到田径运动研究上,运用 CitespaceⅢ、Ucinet、Neviewer 等软件,对田径运动研究发展演进的特征进行可视化分析。科学知识图谱属于科学计量学最新发展,应用比较广泛,但在体育领域的研究应用相对较少。本文是在借鉴前人在知识图谱方面研究成果的基础上,以田径运动的科技文献为研究对象,为本研究提供方法学上的借鉴和参考。

6.2 研究的不足之处

6.2.1 数据样本的问题

本研究主要来源于 Web of Science 和 CSSCI 两大国际国内知名权威数据库,由于其他数据库数据格式兼容性的问题,并未涉及其他国际国内大型数据库收录的田径运动相关科技文献。今后,随着各大数据库数据的统一,将会为研究不同学科、领域提供更大的帮助。

6.2.2 自身知识结构的问题

本研究涉及科学计量学、体育学、社会网络等学科方面理论与知识,属于跨学科的研究,虽然已经阅读大量的文献专著,但仍感觉自身知识结构的缺乏和不足,在今后的研究中一定要继续加强专业、学科方面理论知识的学习。

参考文献

[1] 文超.田径运动高级教程[M].3版.北京:人民体育出版社,2013.
[2] 孙庆杰.田径[M].长春:东北师范大学出版社,1990.
[3] 王鲁克.田径[M].济南:山东大学出版社,2001.
[4] 宗华敬.田径[M].北京:北京体育大学出版社,2005.
[5] 刘建国.田径运动[M].北京:高等教育出版社,2002.
[6] 熊西北.田径基础教程[M].北京:北京体育大学出版社,1997.
[7] 张贵敏.田径运动教程[M].北京:人民体育出版社,2007.
[8] 申齐.田径教程[M].哈尔滨:东北林业大学出版社,2009.
[9] 陈小平.田径运动训练经典理论与方法的演变与发展[J].体育科学,2013,33(4).
[10] 许治平.我国体育类核心期刊田径运动科研论文文献计量学分析[D].北京体育大学,2004.
[11] Catherine Quatman. The social construction of knowledge in the field of Sport management: a social network perspective [D].The Ohio State University,2006.
[12] Marion Hambrick. Using social network analysis in Sport communication research [D].T&F Routledge Handbook Sport Comm,2012.
[13] Amy Chan Hyung Kim .Knowledge structure in Sport management: bibliometric and social network analyses [D].The Ohio State University ,2012.
[14] Nixon H. Sport sociology, NASSS, and undergraduate education in the United States: A social network perspective for developing the field[J]. Sociology of Sport Journal, 2010, 27(01).
[15] 王琪,胡志刚.国际奥林匹克运动研究前沿的知识图谱分析[J].西安体育学院学报,2011,28(4).
[16] 王占坤,陈华伟,唐闻捷.21世纪初以来我国公共体育服务研究回顾与展望:基于文献计量学和科学知识图谱分析[J].首都体育学院学报,2015,27(2).
[17] 王琪.西方现代体育科学发展史论——基于知识图谱视角的实证研究[D].福建师范大学,2010.
[18] 李贵庆,等.国内外高校健美操研究的知识图谱分析[J].武汉体育学院学报,2015,49(2).
[19] 王俊杰,等.基于知识图谱的国外太极拳运动研究热点与演化分析[J].体育科学,2012,32(10).
[20] 陈悦,陈超美,胡志刚,等.引文空间分析原理与应用——Citespace实用指南[M].北京:科学出版社,2013.

[21] 刘则渊,等.科学知识图谱:方法与应用[M].北京:人民出版社,2008.

[22] 陈悦,刘则渊.悄然兴起的科学知识图谱[J].科学学研究,2005,23(2).

[23] 赵蓉英,邱均平.知识网络研究(Ⅰ)——知识网络概念演进之探究[J].情报学报,2007,26(2).

[24] 刘军.整体网分析讲义 UCINET 软件实用指南[M].上海:格致出版社,2009.